中国农村的现状与未来

乌日图／著

延边大学出版社

概　论

改革开放以来，中国农村的发展成就，可谓有目共睹。1978 年，全国农民人均纯收入只有 133.6 元。1988 年，增加到 545 元；1998 年，增加到 2160 元；2008 年，增加到 4761 元；2015 年，增加到 11 422 元。37 年间，翻了六番多，增加了 70 多倍。

30 多年来，农村发展的主要成就，就是解决了中国人民的温饱问题，农产品供给由长期短缺转向富足；农民的收入明显提高，近两亿人脱离了贫困；实现了从计划经济到市场经济、从传统农业到现代农业的巨大转变；逐渐打破城乡二元经济结构，稳步推进城乡一体化；建立了新的农村管理体制，促进了农村经济社会全面发展。

改革开放以前的中国农村，虽然是一个超稳定的社会，但农民在经济上是均贫的，政治上是同质的，文化上是单一的，社会结构上是极其封闭的。改革开放以后，社会流动性显著增强。同时也证明，农民的身份是可以改变的，而且向上向外流动的概率越来越大。农村不再是一个单一的同构性的社会，农村的社会结构发生了深刻的变化。

农村改革的基本经验，是利用了市场机制。通过农村土地制度改革，实行土地集体所有、家庭承包经营，使用权与所有权分离，基本上建立了统分结合的双层经营体制，理顺了农村最基本的生产关系，确立了农户自主经营的市场主体地位。通过改革农产品流通体制，形成了在国家宏观调控下，市场机制对资源配置发挥基础性作用。

改革开放之初，几乎所有的农民，都获得了明显的效益。首先是解决了温饱问题，接着拥有了市场意识，开始了市场经营。再接着，一部分农民通过打工、经商等渠道，陆续进入城市。改革的进程，也开始朝着城乡一体化发展。

我们国家正在实施的城镇化建设，其规模之大，为人类历史所未有。不仅对中国的发展很重要，而且会影响世界。城镇化是现代化的必然趋势，也是广大农民的普遍愿望。它不仅可以带动巨大的消费和投资需求，创造更多的就业机会，而且造福农民。

现在全国大约有2.6亿农民工，他们中的很多人，都有融入城市的愿望。一方面，他们希望自己或自家的孩子住进城里，找一份好工作，有一笔稳定的收入，像城里人一样享受现代生活。另一方面，又希望保留农村那些老房子、老树、老墙、祠堂、小庙、老物件、老手艺。这一切，都需要经济发展来支撑。既要保障就业和服务，又要保障城市发展的有序。既要保住耕地红线，保障粮食安全，又要保护农民利益。

农村、农业、农民，是一个国家存在的基石，也是每个国家需要特别重视的领域。作为一个农业大国，中国的"三农"问题在工业化及后工业化时代暴露的问题愈加明显，历届国家领导人都对解决"三农"问题，稳定农业基础，引导农民致富，建设与时代同步发展的新农村给予重点关注，采取各种举措进行扶持。但由于城乡二元结构、农村人口规模庞大、资源分配不均等问题的影响，探寻城市与农村均衡发展，始终是一个艰难的命题。

农业部贸促中心的一个课题组认为，世界主要农产品价格下降趋势在"十三五"期间或将持续，并最终稳定在2008年之前的水平。此外，受全球气候变化、金融资本投机、跨国公司控制农业产业链等非传统因素影响，未来农产品市场面临的波动性和不确定性加剧。同时，基因组学、转录组学、基因定向转移、动物克隆等技术，正成为新基因争夺和新技术竞争的制高点。为此，中国的农业，不仅需要时刻关注国际农产品市场，而且需要研究和借鉴国外农村建设的成功经验。

农业大数据是融合了农业地域性、季节性、多样性、周期性等自身特征，具有来源广泛、类型多样、结构复杂等潜在价值。它涉及耕地、播种、施肥、杀虫、收割、存储、育种等各环节，是跨行业、跨专业、跨业务的数据分析与挖掘，以及数据可视化。农业和农村大数据，已成为国家基础性战略资源和推动经济转型发展的新动力。

"互联网+"是创新2.0下的互联网发展的新业态，是知识社会创新2.0推动下的互联网形态演进及其催生的经济社会发展新形态。"互联网+"是互联网思维的进一步实践成果，推动经济形态不断地发生演变，从而带动社会经济实体的生命力，为改革、创新、发展提供广阔的网络平台。

很多传统的农业企业乃至种植业、养殖业等，都在过去几年就开始尝试营销的互联网化，多是借助B2B、B2C等电商平台，来实现网络渠道的扩建。更多的线下企业还停留在信息推广与宣传的阶段，甚至不会、不敢或者不能尝试网络交易方面的营销。因为他们找不到合适的方案，来解决线下渠道与线上渠道的冲突问题。也有一些农业企业和农业产品，通过电商平台销售经营，已经摸索出了一条电商之路。

"一带一路"，即"丝绸之路经济带"和"21世纪海上丝绸之路"。它将充分依靠中国与有关国家既有的双多边机制，借助既有的、行之有效的区域合作平台。"一带一路"战略是目前中国最高的国家级顶层战略。

目前我国已与"一带一路"沿线的大部分国家，签署了双边农业合作协议。"一带一路"沿线的60多个国家，拥有不同的农业资源禀赋，发展农业走势强劲，我国与之开展农业合作互补性强。通过"一带一路"建设，可望相机推进市场合作、农业要素合作、农业技术合作、企业合作、农业科技研发合作、农业发展投融资合作。将有效推动我国与相关国家在农林牧渔业、农机、农产品生产加工、海水养殖、远洋渔业、水产品加工等领域的合作。

目前，中国农业正处于经济转型的十字路口，几十年来的传统农业发展模式，已经不适应现代农业的新型要求；几千年在农村坚守的农民，也不再满足于脸朝黄土背朝天的现状。农村需要城镇化，城里也需要农村人。未来农业和农村的发展，将呈现以下几个趋势：大批农民将变为市民，并具备城市人的基本素质；农村房价将大幅提升，并有可能超过城市。有一批城里人，会选择到农村养老；农村的居住环境会更加美好，交通、通信、教育、医疗、购物、休闲等设施和条件，都将更舒适方便。

再就是农村的土地，将实现集约化经营；各种有机农业，将迎来更大发展；随着消费者对农产品要求的不断提高，农业企业会更加重视品牌形象；很多企业通过整合资源，构建和形成产业链。

农民的生活也将更有保障，除了医疗保障、教育保障之外，最重要的是养老保障。让所有的农民，到了退休年龄以后，都能够按月领取一定数量的养老金，不愁吃、不愁穿、不愁住、不愁病，能够幸福而有尊严地生活。

CONTENTS

中国农村的现状与未来

目录

第五章　树立农村发展的新理念

第六章　中国农村的出路和希望

第一章

中国农村的发展成就及存在问题

中国农村的发展和变化，可谓有目共睹。改革开放 30 多年来，中国农村释放了巨大的潜力和能量。一直都以奔跑的姿态和速度，脱离贫困，奔向小康。其中最大的变化有三：

一是向城市靠拢。据国家统计局发布的国民经济和社会发展统计公报显示，到 2014 年末，全国大陆总人口为 136 782 万人。其中城镇常住人口为 74 916 万人，占总人口比重为 54.77%。全国人户分离的人口为 2.98 亿人，其中流动人口为 2.53 亿人。30 年前，我们常说的一句话是"10 亿人口，8 亿农民"。而如今，不仅城镇人口占了一半以上，而且还有 2 亿多农村人口，在农村和城市间流动。这样算来，实际在农村常住的，已经不到 4 亿人。

二是收入大幅增加。国家统计局公布的数据显示，2015 年全年全国居民人均可支配收入 21 966 元，比上年名义增长 8.9%，扣除价格因素实际增长 7.4%。其中城镇居民人均可支配收入 31 195

元，比上年增长 8.2%，扣除价格因素实际增长 6.6%；农村居民人均可支配收入 11 422 元，比上年增长 8.9%，扣除价格因素实际增长 7.5%。城乡居民人均收入倍差 2.73，比上年缩小 0.02。全国居民人均可支配收入中位数 19 281 元，比上年名义增长 9.7%。按全国居民五等份收入分组，低收入组人均可支配收入 5221 元，中等偏下收入组人均可支配收入 11 894 元，中等收入组人均可支配收入 19 320 元，中等偏上收入组人均可支配收入 29 438 元，高收入组人均可支配收入 54 544 元。2015 年全国居民收入基尼系数为 0.462。

三是转变了就业方式。到 2015 年底，全国农民工总量 27 747 万人，比上年增加 352 万人，增长 1.3%，其中，本地农民工 10 863 万人，增长 2.7%，外出农民工 16 884 万人，增长 0.4%。农民工月均收入水平 3072 元，比上年增长 7.2%。

过去的农民，主要是从事种植业和养殖业，并以此为基本的收入来源。而现在，农民的视野开阔了，技能提高了，机会增多了。尤其是年轻农民，多有灵活的头脑和远大的梦想。

从 1953 年开始，我国以五年一个时间段来做国家的中短期规划。第一个"五年计划"，简称为"一五"，然后以此类推。"十三五"规划的全称是："中华人民共和国国民经济和社会发展第十三个五年规划纲要"。起止时间为：2016—2020 年。

在这份"十三五"规划的建议中，专门提到："大力推进农业现代化。农业是全面建成小康社会、实现现代化的基础。""促进城乡公共资源均衡配置，健全农村基础设施投入长效机制，把社会事业发展重点放在农村和接纳农业转移人口较多的城镇，推动城镇公共服务向农村延伸。提高社会主义新农村建设水平，开展农村人居环境整治行动，加大传统村落民居和历史文化名村名镇保护力度，建设美丽宜居乡村。"

从经济角度看，农业是国民经济的基础。因为，农业是人类的衣食之源、生存之本。农业的发展状况直接影响和左右着国民经济全局的发展。农业是国民经济中最基本的物质生产部门。

从社会角度看，农业是社会安定的基础。农业能否提供与人们生活水准逐渐提高这一基本趋势相适应的农副产品，关系到社会的安定。"民以食为天"，粮食是人类最基本的生存资料，农业在国民经济中的基础地位，突出地表现在粮食的生产上。

从政治角度看，农业是国家自立的基础。如果农副产品不能保持自给，过多依赖进口，必将受制于人。一旦国际政局变化，势必陷入被动，甚至危及国家安全。因此，农业的基础地位是否牢固，不仅关系到整个国民经济的发展，也关系到我国在国际竞争中能否坚持独立自主的地位。

所以，总结农业发展经验，提高农村经济地位，提升农民现代素质，已经成为我们一项非常重要的任务。

第一节　农村发展的主要成就

一、解决了全国人民的温饱问题

农产品的长期短缺和供给不足，一直是困扰中国经济和社会发展的一个突出问题。在 20 世纪的六七十年代，不仅很多的农民经常填不饱肚子，而且直接影响对城里的农产品供应，导致吃饭问题成为城乡很多家庭的第一难题。粮食供应有限，像肉、蛋、奶等副食品，更是非常紧张，致使当时许多的农民，一年只能吃到一两次肉。

1978 年党的十一届三中全会，带来了历史性的转折。当年冬天，安徽省凤阳县小岗村 18 位农民，冒着"坐牢"的风险，悄悄地签订了"包产到户"的"契约"，并于当年就获得了粮食丰收，也由此拉开了中国农村改革的序幕。

对于一个 13 亿多人口的大国，解决好吃饭问题，始终是治国理政的头等大事。"十二五"期间，农产品供给水平又得到显著提升。粮食生产实现历史性的"十一连增"，连续登上两个千亿斤新台阶。

2011 年以来，全国粮食总产连续跨越 11 000 亿斤和 12 000 亿斤两个关口，这是新中国成立以来没有过的。2014 年达到 12 142 亿斤，2015 年年预计超过 12 000 亿斤，将连续 5 年超过 11 000 亿斤，连续 3

年超过 12 000 亿斤，表明我国粮食综合生产能力，已由"十一五"期间的 10 000 亿斤，跨上并站稳 11 000 亿斤的新台阶。

自 2004 年以来，我国粮食生产已连续十一年增产，既增强了我们将饭碗牢牢端在自己手中的信心，也彰显了中国特色社会主义制度的独特优势。目前，我国水稻、小麦、玉米三大谷物自给率保持在 98% 以上，粮食人均占有量达到 450 公斤，高于世界平均水平。我们用不到世界 9% 的耕地，产出世界 25% 的粮食，养活世界近 20% 的人口，并且实现了由粮食援助接受国，向粮食援助捐赠国的转变，对世界粮食安全做出令世人惊叹的重大贡献。

二、农民的收入明显提高

1978 年，全国农民人均纯收入只有 133.6 元。1988 年，增加到 545 元，比上年增长 17.7%；1998 年，增加到 2160 元，比上年增长 4.3%；2008 年，增加到 4761 元，比上年实际增长 8.0%；到 2015 年，全国农村居民人均纯收入为 11 422 元，比上年增长 7.5%。

37 年间，全国农民的人均纯收入，整整增加了 74 倍。农民收入的增长，正呈现一种越来越快的趋势。虽然基数越来越大，但增速却居高不下。

随着收入的持续提高，农民的生活水平明显改善。2015 年，我国农民人均生活消费支出 7000 余元，比 2010 年增长 3000 元。农村居民家庭恩格尔系数，从 2010 年的 41.1%，下降到 2013 年的 37.7%。食品消费支出比重明显降低，文教娱乐、交通通信、医疗保健等消费支出不断增长。农民住房、生活条件也大为改善，消费层次明显升级，亿万农民更多同步分享到经济社会发展成果。

另一方面，农村扶贫事业加快发展。全国贫困人口，由1978年的2.5亿人，到2007年时，降到1.479亿人，占农村总人口的比重，由30.7%下降到1.6%。接着，又由2011年的1.22亿人减少到2015年的5575万人。五年间，就有75 000多万人摘掉了"穷帽子"，实现了"两不愁"和"三保障"。即不愁吃、不愁穿，义务教育、基本医疗和住房有保障。中国扶贫成就，已成为世界的典范。

还有一项重大变革，即全面取消农业税。2005年12月29日，第十届全国人大常委会第十九次会议经表决决定，《农业税条例》自2006年1月1日起废止。同日，国家主席胡锦涛签署第46号主席令，宣布全面取消农业税。

农业税被全部取消，9亿中国农民因此受益。 延续了几千年的农业税，从此彻底退出历史舞台，无疑是个了不起的"惊人之举"。自古以来，历朝历代都靠着农民的税赋维持运转，农业税也成为农民负担中最大的一块。农民用辛勤的劳动支撑了中国工业化的进程，这是中国农民的伟大贡献。

三、实现了从传统农业到现代农业的转变

30年来，中国农村改革实现了农村经济从计划经济到市场经济的巨大转变，解放和发展了农村社会生产力，实现了传统农业向现代农业迈进，农业的基础性地位得到巩固和加强。

一是农田有效灌溉面积占比超过52%，这表明全国一半以上的农田可以实现旱涝保收，农业靠天吃饭的局面正在逐步改变。建成了一大批重大水利骨干工程和现代种养基地，改善了农业生产条件。其中，集中力量建设4亿亩以上旱涝保收高产稳产农田，基本实现了旱能灌、涝能

排、田成方、路成行、渠相连、路相通。到 2014 年底，全国农田有效灌溉面积 9.86 亿亩。

二是农业科技进步贡献率已达到 56%，这标志着我国农业发展已从过去主要依靠增加资源要素投入进入主要依靠科技进步的新时期。一大批高产高效示范区的创建，促进了农机农艺结合、良种良法配套，实现了由单一技术突破向多技术、多因素集成创新推广的转变。电子商务蓬勃发展。

三是农作物良种覆盖率已稳定在 96% 以上，这标志着我国农业生产用种已全部实现了更新换代。超级稻、大恒肉鸡、中国对虾"黄海系列"等一批优质农作物和畜禽水产新品种加快转化运用。

四是主要农作物耕种收综合机械化水平超过 61%，标志着我国农业生产方式已由千百年来以人畜力为主转入以机械作业为主的新阶段，农民"面朝黄土背朝天、插秧割麦腰累弯"正在成为历史。全国农机总动力达到 10.8 亿千瓦，小麦基本实现全程机械化，玉米、水稻耕种收综合机械化率均超过 75%。

五是主要农产品加工转化率超过 60%，我国已经从卖原字号农产品进入卖制成品的新阶段，主要农产品加工转化率超过 60%。全国农机总动力达到 10.8 亿千瓦，小麦基本实现全程机械化，玉米、水稻耕种收综合机械化率均超过 75%。2014 年，我国农产品加工业总产值超过 23 万亿元，与农业总产值比值达到 2.2∶1。

四、逐渐打破城乡二元经济结构

我国农民人均占有资源太少，是制约农民收入增长的根本原因。农业是耕地密集型和水资源密集型产业。然而我国人均耕地不到世界人均耕地的1/2,人均水资源仅为世界人均水资源的1/4。我国农民人均耕地,约为世界农村人均耕地的1/3。由于农户经营规模太小,粮食和许多大宗农产品,如棉花、油料等大多数农产品的生产成本过高,纯收益率太低。

要增加农民的收入,就要在推进工业化的过程中,稳步推进城市化,减少农民数量,增加农民人均占有资源量,这是增加农民收入的根本出路。而推进城市化的重要前提条件,是改变二元化的户籍管理制度,为农村剩余劳动力向城镇转移创造条件。农民向城镇转移,主要靠市场的力量,但也需要政府加强引导。在工业化和城市化过程中,特别需要保护失地农民的合法权益。

城乡一体化的思想,早在20世纪就已经产生。改革开放以后,很快取得了实质性进展。中国社会科学院2013年发布的《城乡一体化蓝皮书》,从城乡规划、产业布局、基础设施、公共服务等方面,回顾总结了我国当前城乡一体化建设的重大成就,梳理了城乡建设中存在的若干问题,从土地、户籍、农民工、社保改革等政策体系角度,探讨了城乡一体化的发展新路径。

在推进城乡一体化的进程中,有两方面的成效比较突出。其一是全国农民工总量逐年增加,其二是逐步提高了农村和农民的基本公共服务水平。

五、建立了新的农村管理体制

30多年来,我国农村有三项重大改革,成效最为显著。第一是确立了家庭承包经营为基础、统分结合的双层经营体制。在这样一种体制下,农民有了生产经营的自主权。第二是全面放开搞活了农产品的购销,农民就有了一个市场自由交易权。第三是改革了过去单一的集体所有制结构，赋予了农民财产的支配权。

近年来，农村劳动力加快转移，农民合作社、家庭农场、产业化龙头企业等新型经营主体大量涌现，呈现出蓬勃发展的势头。这些新型主体以市场为导向，从事专业化生产、集约化经营和社会化服务，规模经营水平和组织化程度较高，能够优化集成利用各类先进生产要素，代表了现代农业的发展方向。

适合中国国情的农村基层民主建设，也已经有序展开。农村的管理和治理方式，发生了深刻变化。国家主导农村经济社会发展的格局没有改变，但国家对农村基层的"控制程度"，和传统意义上的"集体"职能，已经明显地弱化。农村的发展和治理，引入了一些新的要素，最主要的就是村民自治，农民表现出了空前的热情。

改革开放以前，中国农村虽然是一个超稳定的社会，但农民在经济上是均贫的，政治上是同质的，文化上是单一的，社会结构上是极其封闭的。改革开放以后，社会流动性显著增强。同时也证明，农民的身份是可以改变的，而且向上向外流动的概率越来越大。农村不再是一个单一的同构性的社会，农村的社会结构发生了深刻的变化。

第二节　农村改革的基本经验

农村改革的基本经验，归结起来主要有以下五个方面：

一、尊重客观规律

遵循实事求是的思想路线，坚持按照客观经济规律办事，是经济政策成功的关键。评价经济政策是否符合客观经济规律，主要是看其是否正确地总结和借鉴了先行者的经验教训，是否适应现有的生产力发展水平，是否坚持和贯彻了物质利益原则，是否坚持了劳动者的生产自主权，是否照顾到了产业发展的特殊性。

30多年来，我们一直都在强调解放思想、实事求是、与时俱进，强调以人为本，强调全面、协调、可持续发展等重大发展战略。坚持解放思想、实事求是、因地制宜；坚持以社会主义市场经济理论为指针，自觉地把"三个有利于"作为判断农村改革发展与是非成败的标准；坚持科学、全面、协调、可持续发展，积极有力地推进农村改革发展。

二、激活农村潜力

中国的问题实质是农民问题，农民问题的实质是土地问题。土地是农民赖以生存与发展最基本的生产资料，是农民的命根子。土地同时又是影响社会稳定的重要元素，关系到国家的安全。

农民是农业和农村发展的主体，也是最富于创造性的力量。每一项农村的改革和发展，都必须相信农民，依靠农民，尊重农民的首创精神；必须始终把农民群众放在农村改革的主人和主体地位上，切实保障他们的自主权和创造权；必须认真落实同农村改革发展相配套的党在农村的一系列基本政策，依法保护农民群众的合法权益，调动农村广大干部和农民群众的积极性。我们改革的目的，就是让农民在经济上得到实惠，享有政治上当家做主的权利。30多年的实践证明，在农村改革发展过程中，只要把实现好、维护好、发展好农民的利益作为出发点和落脚点，尊重农民的首创精神，加强农村制度建设，切实保护农民权益，就能极大地调动农民的积极性，得到广大农民群众的拥护和支持，获得改革的最终成功。

三、利用市场机制

通过农村土地制度改革，实行土地集体所有、家庭承包经营，使用权与所有权分离，基本上建立了统分结合的双层经营体制，理顺了农村最基本的生产关系，确立了农户自主经营的市场主体地位。通过改革农产品流通体制，形成了在国家宏观调控下，市场机制对资源配置发挥基础性作用。农村改革的一系列措施，把农业和农村发展转入社会主义市场经济的轨道，为农村经济发展注入了新的动力和活力。

随着农村社会生产力的极大解放，经济迅速发展，资源配置效率逐步提高，乡镇企业发展逐渐适应市场经济的要求，金融发展也正在步入国际化和全球化，社会保障体系逐步建立和完善。总的来说，经过30多年的体制改革和制度创新，中国的农村生产力得到了极大解放，社会主义市场经济不断得以完善，社会经济系统的活力和效率不断提升。

改革开放之初，几乎所有的农民，都获得了明显的效益。首先是解决了温饱问题，再不用为"填饱肚子"而发愁。接着，一部分先行了解了市场，并能够熟练利用市场规则的农民，率先走上了致富的道路。再接着，农民群起效仿身边的致富带头人，很快形成了先富帮后富，一户带全村的可喜局面。绝大多数农民，走上了共同富裕的道路。

四、改善城乡关系

过去30年农村改革与发展的实践证明，经济的衰荣废兴，与农业的状况紧密相关，农业得到重视，得到发展，必然带来国民经济的快速发展和全面高涨；反之，如果农业的基础地位受到削弱，发展滞缓，则必然羁绊国民经济的发展，甚至引起经济的停滞和衰退。每一个经济发展的上升时期，都以好的农业形势为前提；每一次国民经济遇到的问题和困难，都从农业和农村开始。什么时候高度重视并大力发展农业，整个国民经济发展就主动、健康。

城乡发展一体化，是解决"三农"问题的根本途径。要加大统筹城乡发展力度，增强农村发展活力，逐步缩小城乡差距，促进城乡共同繁荣。坚持工业反哺农业、城市支持农村和多予少取放活方针，加大强农惠农富农政策力度，让广大农民平等参与现代化进程、共同分享现代化成果。加快完善城乡发展一体化体制机制，着力在城乡规划、基础设施、公共服务等方面推进一体化，促进城乡要素平等交换和公共资源均衡配置，形成以工促农、以城带乡、工农互惠、城乡一体的新型工农、城乡关系。

农村和城市是相互联系、相互依赖、相互补充、相互促进的。在中国工业化、城市化过程中，如果不统筹考虑城乡经济社会的发展，如果不着手改变城乡分割的二元结构体制，不仅会对扩大内需、繁荣市场、实现国民经济良性循环和健康发展形成制约，而且对社会的稳定和国家的长治久安也将带来负面影响。所以我们不能就农业论农业、就农村论农村，必须重点解决制约农业和农村发展的体制性矛盾和结构性矛盾，改革计划经济体制下形成的城乡分治的各种制度，减少农民，加速农村城镇化进程，使城市和农村紧密地联系起来，充分发挥城市对农村的带动作用和农村对城市的促进作用，实现城乡经济社会一体化发展。

五、维护农民利益

无论什么样的改革，都必须以保护农民的物质利益和民主权利为前提。中国的农村改革之所以取得巨大成就，也是因为始终坚持把农民的利益作为农村一切工作的出发点和落脚点，切实保障农民物质利益和民主权利。这是调动农民的积极性、促进农村经济社会发展的根本保证，也是农村工作的基本准则。

我们国家正在实施的城镇化建设，其规模之大，为人类历史所未有。不仅对中国的发展很重要，而且会影响世界。城镇化是现代化的必然趋势，也是广大农民的普遍愿望。它不仅可以带动巨大的消费和投资需求，创造更多的就业机会，而且造福农民。

新型的城镇化，是以人为核心的城镇化。现在全国大约有2.6亿农民工，他们中的很多人，都有融入城市的愿望。这就需要就业支撑，有服务保障。而且城镇化也不能靠摊大饼，还是要大、中、小城市协调发展，东、中、西部地区因地制宜地推进。让新型城镇化和农业现代化相辅相成，既要保住耕地红线，保障粮食安全，又要保护农民利益。

要维护农民权利，就要加强农村基层组织建设。农村基层组织既是党政方针在农村的具体落实者，又是农村和农民致富的领路人，肩负着建设社会主义新农村，搞好农民和农村工作的重要任务。改革开放以来，农村基层组织的工作环境、任务和性质，都发生了很大变化。在新形势下，随着改革开放的不断深入，和市场经济的不断发展，要有效解决农村诸多矛盾，促进农村社会稳定，加快农村经济发展，夺取建设社会主义新农村的新胜利，形成城乡经济社会发展一体化新格局，必须不断研究和探讨农村工作新思路和新方法，加强和完善农村基层组织建设。

第三节 农村面临的困难和问题

按照投行瑞信提供的数据，中国凭借22.8万亿美元，成为全球第二富的国家（美国85.9万亿美元、日本19.8万亿美元）。数据显示，中国的中产阶级虽然只占全国成年人口的11%，但按绝对值计算却是全球最多，达1.09亿名，超越美国9200万名的中产阶级成年人。有人预期，中国的财富总值，于2020年前将增至36万亿美元，占全球财富345万亿美元的10.4%，仍居第二位。届时中国的百万富翁人数达232万名，全球排名第六。

国家富了，富人富了，但中国绝大多数的农民，依然很穷。这是一个不争的事实，也是一个严重的问题。

一、城乡贫富差距依然突出

中国城乡发展失衡、差距日趋扩大，是当前我国经济生活中存在的突出矛盾之一。目前城乡差距的表现是多方面的，不仅有收入水平之间的差距，更有教育、医疗、社会保障等社会发展方面的差距，其主要表现在以下六个方面：

一是城乡居民收入差距。改革开放以来，我国城乡居民收入差距，经历了一个先缩小后扩大、再缩小再扩大的过程。近年来，在国家采取多种惠农措施的情况下，城乡收入比例也还维持在3.21：1，如果把城市居民收入中一些非货币因素，如住房、教育、医疗、社会保障等各种社会福利考虑在内，城乡居民的收入差距可能更高。而世界多数国家和地区的城乡收入比。多为1.5：1左右，超过2：1的极少。

我国城乡收入差距的地区特征表现为，按东、中、西部依次明显扩大的格局，以2011年为例，我国东部地区城乡居民人均收入比大致为2.4：1，中部为2.82：1，西部为3.53：1。在31个省（市、自治区）中，江苏城乡居民收入差距在全国最小，为2.18：1；其次是上海、天津、浙江、辽宁和北京。城乡居民收入差距最大的是西藏，达到5.18：1，其次是云南、贵州和陕西；江西城乡收入差距在中部6省中为最小。

二是城乡教育差距。城镇高中、中专、大专、本科、研究生学历人口的比例，分别是乡村的3.4倍、6.1倍、1.3倍、43.8倍、68.1倍。更重要的是在九年义务教育阶段，农村学生辍学、流失现象也比较严重。

三是城乡医疗差距。目前，全国农村合作医疗的覆盖率只有10%多，80%以上的农民属于自费医疗群体。近几年，由于公共卫生供给短缺，医疗价格大幅度攀升，农村不少地方出现了因病致贫、因病返贫的现象。

四是城乡消费差距。在收入差距不断扩大的同时，城乡居民的生活消费差距也在呈不断扩大之势。全国城乡居民生活消费支出比由1985年的2.12：1扩大到2011年的3.13：1。由此可以看出，全国城乡居民生活消费差距比收入差距还大。农业生产资料价格高，生活资料的质量低，假冒伪劣横行。从总体上看，目前农村居民的消费水平只相当于20世纪90年代初期城市居民的消费水平，整整落后10年。

五是就业差距。城市劳动人口的登记失业率为5%，农村劳动人口的失业率没有人计算得出，抛开进城务工的1.3亿劳动力不算，留在农村 4 亿劳动力的利用率也只有 50% 左右。

六是政府公共投入差距。国家财政用于农业的支出占财政支出的比重不断下降。由于我国城乡之间以及城乡内部在制度、市场和公共服务方面存在分割问题，在城市内被认定的公共产品，可能在农村就不再具有公共产品的性质，"公共产品"具有了排他性，因而从这个意义上来讲，可以将其看作是个人收入。我国城乡收入中对这部分个人收入都不同程度地存在低估计的问题，城市较农村的低估计更大。

这些城乡的差距，主要来自城乡的二元结构体制。城乡二元结构体制是我国经济和社会发展中存在的一个障碍，主要表现为城乡之间的户籍壁垒和两种不同资源配置制度。改革开放前，我国社会中的资源，主要是行政性分配，而不是由市场来进行配置的。在很多方面，都是以城市为中心，农村为城市服务。改革开放以后，虽然有了一些改变，但从根本上实行的仍然是二元化结构，从体制机制上束缚了农村的发展。

1958 年 1 月全国人大常委会讨论通过《中华人民共和国户口登记条例》。这标志着中国以严格限制农村人口向城市流动为核心的户口迁移制度的形成。在改革开放以后，暂住证制度既可以看作是这种城乡壁垒存在的标志，也可以看作是弱化这种壁垒的一种措施。

多年来，中国的农村人一直羡慕有城市户口的人，希望有朝一日自己也成为城里人。直到如今，由于没有城市户口，许多从农村来到城里的人，在买房、买车、上学、就医等方面，都还受到很大的影响。

所以，我们需要进一步深化户籍制度改革，逐步统一城乡劳动力市场。在有条件的地区取消城乡户籍差别，取消农业户口，以合法固定住所或稳定职业为依据，实行新户籍治理制度。农民取得城市户口以后，与原城市居民一样，尽同等义务，享受同等权利。逐步取消城市各种消费补贴和城市特有的社会福利，同时逐步加大对农村的公共设施和公共服务的投入，较大幅度地提高农村居民的福利水平。

二、工业反哺农业力度不够

反哺是一个仿生概念。这里的工业和农业，都是历史性的概括性概念。工业泛指非农业部门和城市，农业则涵盖"三农"。工业已"长成"，应该回报农业。工业反哺农业，是对新型工农关系和城乡关系的一种概括，是对"农业哺育工业"的升华转化。实行"工业反哺农业"，既是解决好"三农"问题的必然要求，也是落实科学发展观，促进整个国家经济社会发展的必然要求。工业反哺农业，是对工业化发展到一定阶段后工农关系、城乡关系变化特征的一种概括。这里的工业泛指非农业部门和城市，而农业则涵盖"三农"。

很多经济发达国家，为推动经济快速发展，都曾经实施了农村劳动力转移、减少农民的农村经济发展战略。大量农民转移到城市，农村的耕地留给继续务农的少数农户，以期通过此举实现农业的集约化经营。但大量"无保障、无固定岗位、无技术"的农民成为新市民之后，也带来了一系列社会问题。诸如养老问题、住宅问题、医疗问题、失业问题等，都加剧了社会矛盾。

一般来讲，在工业化发展初期，农业在国民经济中居主导地位，为了创造更多的物质财富，提高整个国民经济发展水平和人民生活水平，需要用农业积累支持工业发展；当工业化发展到一定阶段、工业成为国民经济的主导产业时，要实现工农业协调发展，除了发挥市场机制的作用，国家还必须加强对农业的扶持和保护，实现由农业哺育工业到工业反哺农业的政策转变。

当工业化、城市化进程加速，国民经济发展到工业对农业反哺期时，如果及时加强农业、反哺农业，整个国民经济就会协调健康发展，顺利实现工业化、现代化；反之，如果继续挖农业、忽视农业，就会出现农业萎缩、贫富差距悬殊、城乡和地区差距扩大，加剧社会矛盾，甚至出现社会动荡和倒退。

从工业化发展阶段来看，我国人均 GDP 已超过 1000 美元，农业与非农产业的产值结构大约为 15∶85，农业与非农产业的就业结构大约为 50∶50，城镇化水平为 40%。这四项指标表明，目前我国已进入工业化中期阶段，国民经济的主导产业由农业转变为非农产业，经济增长的动力主要来自非农产业。如果这时采取相应措施，以工业反哺农业，是带有普遍性的现象。

日本在战前处于以农养工阶段，20 世纪 50 年代末 60 年代初，开始转向工业反哺农业阶段。韩国在 20 世纪 60 年代中期以前，还从农业部门抽取工业化资本，自 20 世纪 60 年代末开始转向保护农业。政策的要点是以工促农：公共财政向"三农"倾斜，实现由农业哺育工业到工业反哺农业的政策转变。其实质是要处理好对农民"取"与"予"的关系，改变农业和农村经济在资源配置与国民收入分配中的不利地位，同时加大公共财政的支农力度，让公共服务更多地深入农村、惠及农民。

从财政实力来看，2005 年我国一般公共预算收入已经达到 15.22 万亿元，具备了工业反哺农业、城市支持农村的实力。"以税惠农"，让农民长期休养生息。

在我国，农村人口的减少问题越来越凸显。在城市化大潮中，大批农村新增劳动力离乡又离土，越来越多的流动人口聚集到经济较为发达的城市，导致人口地区分布失衡。很多农村地区，都出现了人口"洼地"现象。

据国家统计局 1 月 20 日公布的数据显示，2015 年末，中国大陆总人口约 13.7 亿人，比上年末增加 680 万人。其中城镇常住人口 77 116 万人，比上年末增加 2200 万人，乡村常住人口 60 346 万人，减少 1520 万人，城镇人口占总人口比重为 56.1%。年末全国就业人员 77 451 万人，其中城镇就业人员 40 410 万人。

根据《国家新型城镇化规划》，到 2020 年，中国城镇化水平将达到 60%，这意味着农村人口将会降低至 40%。

由于没有充足的劳动力，近年来农村土地撂荒日益严重，影响农业稳定和粮食安全。据了解，在湖北省滨湖村，由于劳动力短缺、种粮效益较低等原因，农民对发展农业生产特别是粮食生产兴趣不大，全村耕地撂荒面积达 40% 以上。并且还存在"隐性撂荒"现象，本来可以种植双季稻的水田，一半以上都只种了单季稻。

无论在城市还是农村，人都是第一位的。没有了人，就没有了生气，没有了创造，没有了活力。一个原本几千人的村庄，突然变为几百人，而且还都是老弱病残和儿童。房子空荡荡的，街道也空荡荡的，没有鸡飞，没有狗跳，没有欢声，没有笑语，又怎么能够发展？怎么能够延续？

三、扶贫工作不够精准

据有关部门公布的数字，到 2015 年底，我国共有 5500 万现行标准下的贫困人口。而李克强总理在 2015 年 3 月 15 日答记者问时讲，如果按照世界银行的标准，中国还有近 2 亿贫困人口，中国是实实在在的发展中国家。（2015 年 3 月 15 日人民网）如果要在 2020 年消除贫困，任务确实非常艰巨。

世界上关于贫困的标准并不统一，各国有各国的政策。中国当前贫困标准为农民年人均纯收入 2300 元（2010 年不变价），每年还将根据物价指数、生活指数等动态调整。2015 年贫困标准上升至 2800 元，按购买力平价计算，约相当于每天 2.2 美元，略高于世界银行 1.9 美元的贫困标准。

实际上，贫困是分层次的，应区别"宏观贫困"与"微观贫困"，一是区域意义上的贫困，即宏观贫困，它是从整体角度来看待贫困。例如，国家贫困、地区贫困、农村贫困、城市贫困等。这种贫困问题，也称不发达状态或不平衡贫困，它是发展经济学研究的主题；二是个体意义上的贫困，即为微观贫困，即从个人和家庭角度看待贫困。从这种角度来理解，所有国家都有贫困问题。这种意义上的贫困，可以说是个永恒的问题，除非收入和财富分配是绝对的平均。如果将这两种贫困概念混为一谈，就会带来很大的负面影响。

这些年，我国的扶贫工作虽然取得了一定的成绩，但还存在很多的问题。比如扶贫中的粗放。长期以来，由于贫困居民数据来自抽样调查后的逐级往下分解，扶贫中的低质、低效问题普遍存在。贫困居民底数不清，扶贫对象常由基层干部"推测估算"，扶贫资金"天女散花"，以致"年年扶贫年年贫"。还有一些地方县舍不得"脱贫摘帽"，数字弄虚作假，挤占浪费国家扶贫资源；人情扶贫、关系扶贫，造成应扶未扶、扶富不扶穷等社会不公，甚至滋生腐败。表面上看，粗放扶贫是工作方法存在问题，实质反映的是干部的群众观念和执政理念的大问题，不可小觑。

原来的扶贫制度设计，也存在很多缺陷，不少扶贫项目粗放"漫灌"，针对性不强，更多的是在"扶农"而不是"扶贫"。以扶贫搬迁工程为例，居住在边远山区、地质灾害隐患区等地的贫困户，一方水土难养一方人，是扶贫开发最难啃的"硬骨头"。本来，移民搬迁是较好的出路。但因为补助资金少，所以享受扶贫资金补助搬出来的，多是经济条件相对较好的农户，贫困的特别是最穷的农户根本搬不起。新村扶贫、产业扶贫、劳务扶贫等项目，受益多的也主要还是贫困社区中的中高收入农户，只有较少比例贫困农户从中受益，且受益也相对较少。

由此可见，原有的扶贫体制机制必须修补和完善。换句话说，就是要解决钱和政策用在谁身上、怎么用、用得怎么样等问题。扶贫必须要有"精准度"，专项扶贫更要瞄准贫困居民，特别是财政专项扶贫资金务必重点用在贫困居民身上，用在正确的方向上。扶贫要做雪中送炭的事，千万不能拿扶贫的钱去搞高标准的新农村建设，做形象工程不能实现扶真贫。贫困区域的发展，主要应使用财政综合扶贫资金和其他资金。

2015 年，国家提出了精准扶贫，要求针对不同贫困区域环境、不同贫困农户状况，运用科学有效的程序对扶贫对象实施精确识别、精确帮扶、精确管理的治贫方式。推进精准扶贫，加大帮扶力度，是缓解贫困、实现共同富裕的内在要求，也是全省实现全面小康和现代化建设的一场攻坚战。那么，如何做到精准扶贫呢？

首先是精确识别。通过有效、合规的程序，把谁是贫困居民识别出来。总的原则是"县为单位、规模控制、分级负责、精准识别、动态管理"；开展到村到户的贫困状况调查和建档立卡工作，包括群众评议、入户调查、公示公告、抽查检验、信息录入等内容。不论采取何种方式识别，都要充分发扬基层民主，发动群众参与；透明程序，把识别权交给基层群众，让同村老百姓按他们自己的"标准"识别谁是穷人，以保证贫困户认定的透明公开、相对公平。

接着是精确帮扶。贫困居民识别出来以后，针对扶贫对象的贫困情况定责任人和帮扶措施，确保帮扶效果。重在从"人""钱"两个方面细化方式，确保帮扶措施和效果落实到户、到人。做到基础设施到村到户、产业扶持到村到户、教育培训到村到户、农村危房改造到村到户、扶贫生态移民到村到户、结对帮扶到村到户。真正把资源优势挖掘出来，把扶贫政策含金量释放出来。

同时要精确管理。建立起贫困户的信息网络系统，将扶贫对象的基本资料、动态情况录入系统，实施动态管理。对贫困农户实行一户一本台账、一个脱贫计划、一套帮扶措施，确保扶到最需要扶持的群众、扶到群众最需要扶持的地方。年终根据扶贫对象发展实际，对扶贫对象进行调整，使稳定脱贫的村与户及时退出，使应该扶持的扶贫对象及时纳入，从而实现扶贫对象有进有出，扶贫信息真实、可靠、管用。

四、"三农"根基仍不牢靠

土地，是农民赖以生存的基础。而我国的人均耕地，却不足世界水平的一半。

第二次全国土地调查，于 2007 年全面启动，到 2009 年完成。2013年 12 月 30 日，国土资源部、国家统计局、国务院第二次全国土地调查领导小组办公室，联合发布了《关于第二次全国土地调查主要数据成果的公报》。

其中显示，截止到 2009 年 12 月 31 日，全国耕地 13 538.5 万公顷，园地 1481.2 万公顷、林地 25 395.0 万公顷、草地 28 731.4 万公顷。

自 1996 年到 2009 年的 13 年间，全国城镇用地增加较快，优质耕地减少很多。13 年间，城镇用地增加 4178 万亩，占用的大多是优质耕地。仅东南沿海 5 省，就减少了水田 1798 万亩，相当于减掉了福建省全省的水田面积。

再就是有相当数量的耕地，受到中度和重度污染，大多不宜再耕种。其中重度污染的耕地，大体在 5000 亩左右。还有一定数量的耕地，因开矿塌陷造成地表土层破坏、因地下水超采，已影响正常耕种。这样算下来，适宜稳定利用的耕地，也就是1.2亿多公顷。

从补充耕地的能力和质量看，耕地后备资源严重不足。上海、天津、海南、北京可供开垦的未利用土地接近枯竭。江苏、安徽、浙江、贵州等省也都很有限，建设占用耕地的补充难度很大。

此外，另一个统计数据，也表明了我国耕地的严峻形势，即人均依然呈下降趋势。1996年的时候，人均耕地1.59亩，到2009年，随着人口的增长和其他因素，下降到1.52亩，明显低于世界人均耕地3.38亩的水平，且区域间很不平衡。

有人算过，如果按8亿农村人口计算，人均占有耕地为2.3亩；如果按3.5亿农村劳动力计算，人均占有耕地5.5亩。除西部外，绝大多数中东部省市的农村，人均耕地多在2亩左右，有些人口密集地区，平均不到1亩。即便一个家庭三四口人，占有耕地也只有五六亩。

再看种植土地所产生的效益，30年以前，一般粮食亩产在300斤左右。现在种子、化肥、农药、水田、农机具和农业技术等，都相对比以前发达。致使很多地方的水稻，亩产能够达到1500斤，玉米、小麦等，亩产也都能达到800斤甚至1000斤。

但打出的这些粮食，又能卖多少钱呢？1500斤稻谷，即便卖2000元，除去成本，也就剩1000元。玉米和小麦，1亩能有500元的效益就很不错了。一个家庭5亩地，辛辛苦苦干一年，每亩收益1000元，共计5000元；每亩收益500元，就只有2500元。三口之家，平均每人830元。

在山西省临汾市永和县赵家沟村，村民董维红介绍说，他种了24亩玉米，收获约3万斤，销售收入3万元。而种子、化肥、浇水等成本，就投入1.3万元。如果计算上每天的劳动力成本70元至80元，一年到头净收益几乎没有。

湖北省滨湖村农民给调研组算了一笔账：好年景种植1亩双季稻，购买种子、化肥至少需要400元，购买农药也需要50元，这还不包括请人帮工等其他支出。而两季稻谷最多收获1500斤，市场价不到1800元，相当于外出务工1个月的收入。一旦遇到干旱、病虫害等情况，算上抽水的电费、油费等开支，种田还要倒赔钱。

由此可见，单纯依靠有限的土地，农民根本富不起来。

农业资源是农业自然资源和农业经济资源的总称。农业自然资源含农业生产可以利用的自然环境要素，如土地资源、水资源、气候资源和生物资源等。

农业自然资源可分为三类：一是不可更新的资源，如铁、煤、石油等；二是可更新的资源，如生物、水、土壤等；三是用之不尽的资源，如空气、风力、太阳能等。农业自然资源既是农业环境要素，又是人类生存和农村经济发展的物质基础。

中国的农业自然资源，存在三方面的问题。

第一是人均占有量相对不足。除了土地资源严重不足外，其他如草原资源、森林资源、水资源、野生动物资源、野生植物资源、矿产资源等，也都达不到世界平均数。

第二是各地农业资源的占有量严重不平衡。有些地方土地肥沃，水源充沛，光照充足，也有些地方，土地瘠薄，持续干旱，气候寒冷，不利于农作物生长。有些地方，矿产资源、生物资源、旅游资源非常丰富，改革开放以后，很快就富了起来。也有些地方，山是光秃秃的山，土是白沙沙的土，地上什么也没有，地下也什么都没有。

第三是后备资源基础薄弱。比如有一个县，地下蕴藏着一些分散的铁矿石。自从20世纪90年代以后，人们发现一些人通过采矿短时间暴富，于是就争相效仿。两三年之间，全县就冒出几百家铁矿和钢厂。但过了 20 年以后，有限的矿藏就基本枯竭。

有一位记者，2013 年走访了西南地区的一些国家级贫困县以后，讲了两个这方面的典型。

他说，我到了某地区的一个乡，那个乡有 14 000 人，有锡矿、铅矿、煤矿，每天从这个乡拉出去的矿产价值约 40 万元。开矿的是浙江、四川、云南的"大老板"，他们每年给乡政府提供的税收不足 50 万元，但来来往往的运矿车辆，每年损坏路面用以维修的资金不少于 150 万元。矿开了，环境破坏了、资源没有了。并且矿是有毒的，矿工没有任何劳动保护。每个矿工，在矿里只能工作三个月，就不能再工作了，时间长了就有生命危险。这样的劳动，每个矿工的工资一个月不到 300 元。

他又说，他去的一个贫困县，那里的原始森林，是 20 世纪 90 年代以来砍伐的。砍树的时候没有任何补偿，因为主流社会的人说森林是国家的，砍伐森林自然不关当地人的事了。没有砍伐森林的时候，当地人主要以狩猎为生，辅以简单的农作，生活还是比较舒坦的。树砍了之后，当地人不得不从狩猎生活转向农耕生活，千辛万苦地造了梯田。最近几年，说要保护环境，防止水土流失，政府强制当地人退耕还林。森林砍了，没有补偿，辛辛苦苦开的梯田，一个文件下来，说补给你每年三百斤粮食，给 5 至 8 年就了事。

现在看，有两个严峻的问题，摆在我们面前。

其一是很多资源匮乏的农村，怎么发展，怎么致富。他们既没有自然资源，又没有技术资源、文化资源和信息资源，所以不仅不能脱离困境，连维持生计都非常困难。

其二是资源保护问题。我国农业自然资源保护，需要遵循以下原则：1. 把农业自然资源保护纳入国家计划和规划；2. 全面规划，合理安排；3. 奖励综合利用；4. 谁开发谁保护；5. 经济效益、生态和社会效益相统一。

五、农产品生产盲目无序

市场经济，又称自由市场经济或自由企业经济。在这种经济体系下，产品和服务的生产及销售，完全由自由市场的自由价格机制所引导，而不是像计划经济一般由国家所引导。在理论上，市场将会透过供给和需求，产生复杂的相互作用，进而达成自我组织的效果。市场经济虽然是自由的经济、公平的经济、产权明晰的文明经济，但对于生产周期过长、生产组织分散的农村经济而言，在带来很大机遇的同时，也带来很大的冲击。

其一是市场对农产品的需求有限。我们一直都说粮食非常重要，万万不可缺少。但粮食多了，销售和储存都会成为问题。按照常规讲，每人每天至多消耗一斤粮食，13亿人13亿斤。超过了这个数量，市场就会饱和滞销，而且直接导致价格下降。由于需求量有限，再加上粮食生产的技术含量比较低。所以改革开放30多年来，粮食销售价格增长一直都比较缓慢。有农民戏言，如果粮食能卖到20元一斤，我们很快就富起来了。可市场是按照成本和需求来决定价格的，又有国家的统一调控，根本不可能让其价格飞扬上去。

其二是生产无序。实行家庭联产承包责任者以后，农民生产的积极性空前高涨。但我国农业生产的最大特点，就是以农户为单位，种什么，栽什么，养什么，都是一家一户说了算。而绝大多数的农民，都是坐井观天，信息相对闭塞。他们决策的依据，就是两看，一看现在的市场，二看周边的农户。市场上什么卖得快就种什么，周围谁赚了钱就跟谁学。而今年市场短缺的东西，明年不一定短缺，别人能够赚钱的模式，自己不一定能够赚钱。于是在很多地方，都形成这样一种状况，上一年，某一种农产品非常畅销，接着大家一窝蜂去生产。到第二年收获的时候，却发现卖不出去了，甚至按成本价都卖不出去。

农民生产的盲目性问题，一直是农村经济发展中存在的严重问题。当某种农产品出现赚钱效应的时候，大家就会一哄而上种植这种产品，结果就是这种产品的严重供过于求。当某种产品亏损的时候，大家又都大量减少甚至停止该种农作物的种植，结果导致该种农产品供不应求，价格暴涨，就这样，价格暴涨暴跌，陷入一个周期性循环。

前几年，出现过柑橘滞销。湖北省的一个县，满山满岭都是橘子，但就是没人来收购。整山整树的橘子、橙子、柚子，无人采摘，烂在树上。还有山东、河南、浙江等多个地区的蔬菜，也曾多次出现较为严重的滞销。

在山东大葱最后的收获时节，大部分葱农却守着地里的大葱卖不出去，一毛多钱一斤还没人要。河南芹菜大丰收，但菜农却高兴不起来，菜农们说，质量好的芹菜收购价每斤1毛，质量差的每斤只有5分钱，每亩芹菜要赔1000多元。陕西洋县上千亩菜花，同样出现滞销，5分钱一斤仍难以出售。

其三是农产品的技术含量大多都比较低。在农村，能够意识到品牌问题的农民寥寥无几。这也是为什么农村不管丰收与否，农民都很难赚到钱的原因所在。只是靠销售原材料式的农产品，导致的结果只能是价格的竞争，最后大家都赚不到什么钱。当然，这跟农村的生产方式有一定关联，农村基本是包产到户的生产方式，每一户人家种植的农产品的规模都是有限的，销售的时候各自为政，无法进行品牌的统一宣传。另外政府在这方面也缺乏有效的引导，这些原因最终导致了多年来农产品始终贱卖的现象。

现在有些地方已经开始重视农产品的深加工，但大多属于粗加工，比如清洗、挑拣、分类、包装之类。销售价格有所提升，但也有限。还有一些深加工，被纳入了工业系列。比如方便食品的加工，用的都是农业原料，却很快被划入工业产品之列。所得收入，也入了企业创办者和管理者的腰包，与农民无缘。

其四是缺乏竞争实力。市场经济最重要的规则之一，就是竞争。市场竞争规则，是国家为维护市场各主体之间等价交换、公平竞争，根据市场经济的内在规定和要求，依法确立的市场竞争行为准则与规范。市场竞争规则是市场主体之间地位平等、机会均等竞争关系的制度体现。农民虽然可以参与任何一种市场的竞争，但在这种资本、信息、经验和智慧的较量中，农民明显处于弱势地位。他们能够参与竞争的资本，只是自己有限的农产品。他们缺乏基本的市场分析能力，不能够冷静分析市场的需求，而是采取一种从众的方式，结果是一直跟不上市场变化。他们的信息来源渠道少，速度慢，不能够在最短时间内了解到市场上最新的供求信息，从而不能为种植决策提供科学依据。

市场不相信眼泪，市场更不偏爱农民。相反，它还经常利用无情的规律和法则，让单纯朴实、涉市不深的农民吃亏。

六、农村发展极度失衡

19世纪初，德国经济学家冯·杜能（J. H. Von Thtinen, 1783—1850）曾提出了一种"农业区位论"。其主要的观点，是随着市场经济的冲击，农产品将逐步商品化，而在距离市场远近不同的土地上，经营农作物的种类与集约化程度不同，农业收益差别也会很大。

按照"农业区位论"的观点，在利润最大化的目标驱动下，产品种植将形成以城市为圆心的带状分布，即围绕城市构成一系列同心圆，被称为"杜能圈"或"杜能环"。杜能根据研究，认为在距离城市最近的地方，运输便利，宜实行集约经营；而在距离市场较远的地方宜实行粗放经营，形成由近及远的圈层分布：

第一圈为自由农作区（Free cultivation area），它紧接中心城市，主要生产蔬菜、牛奶、鲜花等一些不易运输而运费昂贵，且易腐烂的、集约型的、单位面积产值较高的农产品。这一圈层在选择农作物与经营方式上受运输条件限制较小，有很大的自由选择余地。

第二圈为林业区（Forestry area），主要为城市提供产品量大、运费高的木材和燃料。

第三圈是轮作农业区，主要种植谷物和饲养牲畜，采用6年轮作制。

第四圈是谷草农作区，主要向城市提供谷物和畜产品，杜能将其分成7带，采用7年轮作制。

第五圈是三圃制农作区，主要向城市提供经过加工的畜产品和极少数的谷物，采取极其粗放的经营方式。

第六圈为畜牧区。在第六圈以外就是完全没有开发价值的荒野。

杜能所说的区位，是以城市为中心的。城市是农业的市场，也是农民获取利润的来源。距离城市越近，运输成本越低，获得信息越慢。

我国改革开放以来农业和农村的发展实践也证明，距离城市越近的地方，起步越早，发展越快，获取财富的机会越多。尤其是近十几年来的房地产开发，致使成千上万个城中村和城市郊区的农民一夜暴富。同样是三间房子，在普通的农村，只能卖几千元至多几万元。而要在大城市或中等城市赶上拆迁，立马就增至几十万元甚至几百万元。

北京通州的一个农村大妈，一次拆迁就分了五套楼房，另外还有100多万元的现金，资产总值一下子就超过了千万元。湖南长沙郊区的一个农民，原来在城里打工，每月工资 1600 元，自己一点积蓄都没有。房子拆迁之后，有了一套新楼房，还得到补偿款 360 多万元。武汉城郊一个七旬老太，拿 20 万元拆迁款给自己过生日。昆明城中村拆迁的村民，个个争相买奥迪。

回头再看那些远离城市的村庄，那些生活在深山里边的农民，他们能有多少的收入？

党的十八大以后，习近平总书记曾到河北阜平的一些农村调研。这里道路狭窄崎岖，属全国连片特困区，人均年收入只有 900 多元。习近平一到这个村，就对当地的干部说："窥一斑知全豹，到这里就是要了解我国的真实贫困状态。如能看到真贫，从北京 3 个半小时的路程就值了！"

区域问题，距离问题，也有交通的问题。前些年很多地方都喊一个口号："要致富，先修路！"其实，对于偏远农村而言，即便解决了交通问题，也难以富裕起来。没有路的时候，进不去，出不来。有了路，有了车，能够进去，也能够出来。但还有一个非常严重的问题，那就是时间成本。在市场经济时代，时间就是金钱，而且越来越宝贵。

七、农村环境存在污染

随着农村经济社会的快速发展，农业产业化、城乡一体化进程的不断加快，农村和农业污染物排放量大，我国农业面临污染也呈逐年上升的趋势。

我国耕地总量占世界的 9%，化肥和农药的消费量却分别占世界的 35% 和 20%。全国每年的化肥使用量为 4600 多万吨。按播种面积计算，每平方公里达 40 吨，远远超过发达国家为防止化肥对土壤和水体造成危害而设置的22.5吨的安全上限。

在一些环境监管松懈的城市，工业污染向农村转移趋势加剧。一些城郊结合部，成为城市生活垃圾及工业废渣的堆放地。许多污染企业无法在城市立足，便搬出中心城区，搬向郊区和农村。很多城市的工业废水，常常不加处理就直接排放到流经农村的河流。据一份调查数据显示，我国城市每年有2800多万吨生产、生活废水流经农村。另外还有很多城市里的废旧电器，被不断地运往农村拆解。其中含有铅、镉、铬等几百种高度有害的化学物质，对农村的水、土壤、空气造成极大的污染。

长期的污染，已经使农村的生态环境遭到严重的破坏。我国受重金属污染的耕地，已经多达2000万公顷以上，占耕地总面积的1/6。全国每年出产重金属污染的粮食，多达1200万吨。有3亿农村人口饮用水不合格，农村饮用水符合饮水卫生标准的比例仅约为66%。中国农村人口中与环境污染密切相关的恶性肿瘤死亡率逐步上升，在污染转移比较严重的一些省份，癌症村不断涌现。

有人将中国的农村环境污染大致分为三类：生活污染、农业生产污染和工业污染。从污染源来看，可以分为如下几类：

（1）农村生活污染源：主要包括农村生活垃圾、生活污水、城市向农村转移的生活及固体废弃物。

（2）农业种植污染源：主要包括化肥、农药的挥发产生的大气污染及其残留物对土壤和水质的污染，农用地膜、温室大棚等塑料制品产生的白色污染。

（3）农产品养殖污染源：主要包括畜禽、水产养殖业在生产中的畜禽粪便和排放的污水。

（4）工业污染源：主要来自乡镇企业与城市向农村转移的"高能耗、高排放、高污染（三高）"加工业以及劳动密集型制造业等工业生产所排放的废气、废水和废渣（三废）。

（5）农林废弃物污染：主要包括直接焚烧、随意丢弃或排放的农作物秸秆、蔬菜废弃物、林业废弃物等。

（6）建筑业污染源：主要包括随意堆放和倾倒的建筑或拆迁后产生的难处理的废弃物。

（7）矿业污染源：主要是指矿物开采和加工过程中泄漏入河湖水系以及土壤中的重金属污染。

在新农村建设中，前四种污染对农村环境危害最大，表现得最突出和最广泛。同时，在矿产开采和加工地区，由于资源开采和加工过程中环保措施不足，而引起的重金属污染，也呈现出日益严重的趋势。

从农村环境污染的类型来看，可以分为水污染、土壤污染、空气污染和噪声污染等几类。

（1）水污染

水污染是农村居民面临的最大最严重的环境污染问题，严重威胁着人体健康和生命安全。

（2）土壤污染

土壤污染的类型一般可分为有机污染、无机污染、生物污染与放射性污染。这些污染中，重金属污染和有机污染较为普遍，特别是重金属污染危害最大，约占中国耕地的 10% 左右，主要发生在农村污水灌区和矿区，具有较长时间的隐蔽性，不宜通过直观感觉发现。

（3）空气污染

随着农村经济的发展，农村空气质量也受到威胁，特别是在乡镇企业较为发达的地区，清新的空气已难寻觅。

（4）噪声污染

噪声污染相对以上三种污染而言影响较小，在农村环境突发事件统计调查中仅占 1%。但一些高噪声的乡镇企业，对周围居民的寝居生活也产生了较大的影响。

有很多农村，确实是发展了，富裕了，美丽了。但也有很多农村，确实是破坏了，污染了，萧条了。经济的发展是事实，环境的污染也是事实。

第二章

国外农村建设的经验

　　农业和农村问题，是整个现代化进程中的重中之重，也是经济结构调整的核心，是改革、发展、稳定的关键性环节。当然，不同的国家，情况千差万别，但从世界城乡一体化的发展经验看，国外发达国家正步入城乡一体化的高级阶段。而一些发展中国家，也先后开始了对城乡一体化发展的积极探索，在取得初步成效的同时，积累了有益的成果和经验。这些对我国新农村建设和城乡一体化发展，都具有一定的借鉴意义。

　　农村和乡镇如同大城市一样，也是人类活动空间集中的结果，既是一个相对独立的经济实体或经济区域，又是一个社会实体和政治文化活动的中心区域。它具备政治、经济和社会服务三大功能。但村镇与城市的功能，又有很大的区别。从聚居区来看，城市是从事非农生产活动人口的聚居区，而村镇是从事农业生产活动和非农业生产活动的共居区。从服务对象来看，城市的服务对象以城市居民为主，而村镇以农村居民为主；农民到城市的次数很少，而村镇则是农民生活的住所。

　　世界各国的传统文化、经济发展和管理制度各有不同，但农村和城市的关系大体一致。而且绝大多数的经济发达国家，都经历了农业变革、农村升级、农民进城这样一个城乡一体化的过程。在这个过程中，也创造了一些可为他国借鉴的经验。

第一节　韩国的"新农村运动"

韩国由于遭受了从 1950 年开始的持续 3 年的朝鲜战争，导致政治形势不稳定，对国家经济的发展产生了很大的影响，以致农业近代化发展迟缓。1960 年以后，作为经济开发的一环，进行了耕地扩大和基础设施的整备、普及优良农作物品种、利用农药肥料增产、推进农业生产的机械化和多角度化，而且还采取了实施"提高米价"和对农业进行资金援助等各种各样的农业政策。在政府指导下实现了一体化开发的"新农村运动"得到践行。由此，大大推进了农业的近代化进程。

韩国的"新农村运动"分为三个阶段：

第一阶段是 20 世纪 60 年代中期到 70 年代初期，为韩国"新农村运动"初期。政府设计了 20 多种改善农村生活环境的工程，让各地农民根据自己的实际情况，选择适合当地需要的项目，政府免费向各村发放一定数目的水泥和钢筋支持这些项目。

第二阶段是 1973 年到 1999 年。政府开始对不同情况的乡村进行分类指导。全国的乡村分为三类：一类是基础村。其"新农村运动"的内容是：继续改善生活环境，培育自助精神。二类是自助村，其"新农村运动"的内容是：改良土壤，疏通河道，改善村镇结构，发展多种经营，提高农业收入。三类是自立村，其"新农村运动"的内容是：发展乡村工业、畜牧业和农副业，鼓励和指导农民采用机械化、电气化、良种化等先进技术，指定生产标准，组织集体耕作，建设标准住宅，修建简易供水、通信和沼气等生活福利设施。

第三阶段是 21 世纪初。韩国"新农村运动"又进入了新的阶段，由运动初期的政府提倡、督导，带有很强的"官办"性质的运动，变成了目前完全由全民参与的民间社会运动，并且提出了新世纪的更高的发展目标。2004 年韩国"新农村运动"提出了"一厂一村"的新的建设形式。

"新农村运动"刚开始的时候，韩国面临的问题和今天中国的问题很相似。1970 年韩国农村人口占总人口的 45%，人均耕地面积为 0.6 亩。另一方面，根据 2004 年中国的统计资料显示，中国农村人口占总人口的 58%，而人均耕地面积只有 1.5 亩。1970 年的韩国农村和今天的中国农村面临着同样的问题。伴随着都市工业化的步伐，很多农村人口流向了都市，在都市打工的青年人口数量越来越多，在农村社会就出现了人口分布过疏、人口老龄化、农业劳动力不足等大的社会问题。特别是农地基盘整备不完全，都市公共设施和公共服务供给大幅度推迟。不仅大学、高水平医疗机构等文化生活设施缺乏，而且农业水利设施、道路建设、电力系统、供水系统和排水系统、信息通信设备等社会资本的整合率，也处于低迷状况。

与此同时，由于工业化进程促进了都市经济的发展，结果导致城乡差距越来越显著，城市居民与农村居民的收入越来越悬殊。1970 年韩国的都市化进程占到 55.3%，农村居民的收入却停留在城市居民的 75% 左右。

韩国"新农村运动"的主要做法是实行"分类指导、规划先行、针对性建设"。一是将所有村庄分为基础村、自助村、自立村三类。政府只物质援助后两类村庄。二是在"新农村运动"中十分重视规划。在调查的基础上，帮助村镇搞好建设规划，推荐了12种标准住宅图纸，供村镇选择。道路桥梁建设，则由政府派技术人员指导。三是在"新农村运动"中，有针对性地开展建设，改善农民的居住条件。如改善房、屋顶、厕所，修筑围墙、公路、公用洗衣场，改良作物、蔬果、畜禽品种等。大力发展畜牧业、农产品加工业和特产农业，积极推动农村保险业的发展。通过调整农业结构，发展多种经营，发展农村金融业和流通业，不断改善农村的生活环境和文化环境。

韩国"新农村运动"建设，取得了很大的成就：

（1）村庄建设成就突出。1973年，韩国35 000个村庄中，有1/3是基础村。到1978年，基础村基本上消失，约有2/3的村庄升为自立村。

（2）基础设施明显改善。20世纪70年代后期，全国基本实现了村村通车，所有的农民都住进了换成瓦片或铁片房顶的屋子，98%的农户都装上了电灯。到20世纪80代，韩国全国已实现了电气化。

（3）城乡发展的差距大为缩小。2004年，韩国的人均GDP达到了14 000美元，城乡居民收入比率是1∶0.94。

第二节　日本的"新农村建设"

日本人口超过 1 亿，陆地面积只有不到 38 万平方公里，耕地面积仅占世界耕地面积总数的 0.4％，人口却占世界人口的 2.2％左右，人均耕地面积比中国还少，只占中国的 3/5。和中国一样，都属于典型的人多地少国家。

日本的农村社会，自明治时期以来，受资本主义发展的影响，一直都在发生着变化。从经济的角度来看，这种变化的基本潮流，是自给自足的自然经济，向商品经济的转变。从社会的角度来看，是村落一体化的衰退，到更广阔地域社会编制的形成。

20 世纪 50 年代，日本从事第一产业的人口占 48％。农家的人均收入，相当于城市劳动者的 80％左右。进入 20 世纪 60 年代后，政府对农村地区实行了各种各样的支援政策，城乡之间的差距渐渐缩小。到 1972 年，差距渐渐消失。接着，进入了农村居民的所得，比城市居民上升的时期。城乡之间在学校教育、医疗保险、消防、警察、道路建设、电力系统、通信系统、供水系统和排水系统，社会公共服务体系等方面的差距也都缩小了。

日本的"新农村建设运动"，大体经过了三个阶段。

第一阶段是从 1956 年开始，到 1962 年结束。这 7 年间，将自然、经济等条件公共化，命名了 4500 个地区为"农林渔业地区"，指定每年约 900 个地区为计划区域，规定了振兴农村的计划，即农林渔业村振兴计划。

根据这份计划，主要是以农村的电力、道路、水利等基础设施的整治和土地整治、公共设施整治、奖励适地适产、生活文化研修设备整治等为中心，来推动农村建设运动的前进，给农村生活环境带来大的变化。不利之处，是农业机械化的推迟、小规模化经营，特别是由农村向城市的人口移动以及新毕业生劳动力的流出显著增加。在 20 世纪 50 年代前期，每年间有 50 万～60 万人，后期有 90 万人左右流向了其他产业。

第二阶段是从 1967 年开始，到 1979 年结束。由于经济的高度成长，城市用地急剧扩大，出现了无计划的扩展和效率低下的问题。与此相对，政府依次进行了"与农业振兴地区整治相关法律"的整治。创办了"农村基盘综合整治的引航事业"，全面推进了激发农村地区活力，和健全发展相关的必要的生活环境的整治。同时，为了向农村地区积极导入工业并且促进计划的实施，1971 年 6 月，颁布了"农村地区工业导入促进法"，农业从事者容易在工厂就业的同时，也促进了农业构造的改善。据此，实现农业和工业的均衡发展，高度经济成长的实态即旨在促进大都市工业向地方工业推进。

日本开始于 20 世纪 70 年代末的造村运动，其出发点是以发展农村产业为手段，促进地方经济的发展，振兴逐渐衰败的农村。在造村运动中最具知名度且影响力扩及全日本乃至亚洲各国的形式，就是"一村一品"运动，实质上是一种在政府引导和扶持下，以行政区和地方特色产品为基础形成的区域经济发展模式。

第三阶段是从 20 世纪 90 年代以后，到 21 世纪初。由于农村人口逐步涌向城市，造成了农业耕地废弃和空置等非常严重的问题，日本实行了大规模的"市町村"大合并运动，来平衡城乡发展的不协调，促进城乡一体化建设。

一是为防止城市人口过度集中和农村人口涌向城市，日本政府推行了相关经济激励政策，如鼓励或对工厂下乡进行补贴，使城市大企业转移到农村地区投资建厂，以此来实现农民离农。

二是加强农村基础设施建设。为了改善农村人居环境，由中央政府对农村建设项目进行财政拨款和贷款，地方政府除财政拨款外，还可以利用发行地方债券的方式进行融资，以此来用于公共设施的建设。

三是积极发挥农协的积极作用，为农业劳动力向非农业部门转移创造了条件。此外，日本政府还制定了许多合理的政策，确保规划实施，而且在实施合并过程中，还特别注重传统文化的保护等。

到2007年，日本市町村的总数就减少了40%以上，由原来的3229个，合并到了只有1804个，几乎减少了近一半。这种大合并，是通过任意合并或法定合并的形式实现的。通过合并，既消除了城乡之间的不平等的地位，也使"町"成为市与村之间的桥梁。它不仅兼具城市和农村的一些特点，还使得日本建成很多"城中有乡，乡中有城"的田园城市。

日本的新农村建设运动，虽在整体上消除了城乡生活基础设施的差别，保存了一些地方品牌和农村文化，但并没有遏制农业从业人口减少、农村老龄化、农产品自给率降低、耕地面积减少、农产品价格上涨的趋势。目前，日本农业从业人口中65岁以上老年人的比例超过60%，粮食自给率不到30%，大米的生产成本大约是美国的10倍、泰国的23倍。

同时，也没有改变经营规模小、经营分散的布局。日本农户经营的平均规模是22亩耕地，其中70%的农户经营规模在15亩以下，而且土地分散，难以形成集中连片的规模经营格局。

日本二战后的兴农历程表明，用法律保障财政资金对农田水利基本建设和农村生活基础设施的长期投入，是缩小城乡差别的成功经验。在农产品自给率降低的情况下保障主要口粮的生产能力，是国家粮食安全的基础。人多田少、土地细分、经营规模过小，是无法发挥现代化机械大生产优势的，必须在农业产业化之外找出路。

第三节　美国的"城乡一体化"

美国地域辽阔，资源丰富，是世界上经济最发达的资本主义国家。其城镇化进程在 19 世纪的工业革命和 20 世纪的后工业革命之后起步，并得到迅速发展，至 20 世纪 60 年代，该国城镇化的任务基本完成，城镇化率高达 85% 以上，是世界上城镇化水平最高的国家之一。

根据发展阶段的特征差异，美国城镇化大体可分为城镇化酝酿时期（1690 年—1830 年），城镇化开始、加速及初步完成时期（1830 年—1920 年）和城镇化新阶段——郊区化时期（1920 年至今）三个阶段。

美国内战后，伴随着工业化的迅速发展，城镇化进入鼎盛时期。至 19 世纪末，在全国初步形成以城市为中心的经济体系。1790 年，美国联邦政府首次进行人口普查时，城市人口仅占全国总人口的 5.1%。而到 1920 年，就跃增至 51.2%。城市大规模兴起，导致城市问题层出不穷。城市拥堵、环境污染、种族隔离、犯罪猖獗等问题突出。匹兹堡因有数百家工厂排出大量废气，而有"烟城"之称。

自 20 世纪 40 年代起，美国人口向城市集中的速度放慢，乡村人口主要流向中小城镇，甚至出现大城市人口向郊区小城镇迁移的"郊区化"或"逆城市化"趋势。1940 年美国城市人口占总人口的 56.5%，1960 年上升到 63.1%，而 1990 年则降为 61.6%。1950 年，郊区人口占总人口的 26%，1960 年增至 33%，1970 年占 37%，1990 年上升为 48%。

当初美国城乡一体化的主要做法是：

1. 以交通运输促进城乡一体化

20 世纪初，汽车的出现促使美国掀起了改善公路运动。1910 年"美国公路改进协会"成立，各州拨款数百万美元用于改善乡镇和各郡公路。随着高速公路交通网络的建成，运输效率大大提高，城乡一体化进程加快，为农村人口向城镇流动提供了便利。

2. 工业化、城市化和农业现代化的良性循环

美国由棉纺织业率先开启了工业化进程，到 1860 年，几十年的发展使得农产品加工业在美国工业化中占据了十分重要的地位。而工业化的这一特点，又促使农业等基础产业迅速发展，从而反过来刺激了工业化的进程。农工的协调发展，进一步加快了城市化的发展，也促进了农业劳动力向第三产业的流动。

3. 以立法促进农村城乡一体化

自 1955 年起，美国先后通过《农村发展计划》、《反贫困战争》、《平权法》等立法促进农村发展。20 世纪 80 年代开始又进一步进行农村经济结构调整，经过几十年的发展，农村发展立法不仅内容更为广泛、政府职能更明确、支持力度更大，并且在推动农村地区进步的同时促进了城乡一体化进程。

4. 形成合理的城镇体系

经过 100 多年的发展，美国形成了多层次的合理的城镇体系。美国共有 50 个州，3043 个县（郡），35 153 个市、镇（村），基本达到了城

乡一体化、农村城镇化。美国城市规模普遍较小，且差异较大，以中小城（市）镇为主。美国不仅城市数量多，而且城市的集聚度很高，各种公共服务设施分布相对均衡。

5. 主导产业推动城市发展

美国许多城市和小城镇，都是围绕企业发展起来的。例如，西雅图的林顿镇，因为波音公司而出名；硅谷的高科技企业云集，成为世界上最有活力的小城镇群带。尽管各个城市的规模大小不一，历史文化和市容市貌各不相同，但不同城市的主导产业突出、特色鲜明。比如纽约是美国的商业、金融、文化娱乐和出版中心，西雅图是微软总部所在地，电子信息产业发达；迈阿密是美国南部著名的旅游城市和退休老人理想的休养地。

6. 注重生态环境建设

美国在 19 世纪由于土地制度、机动化和政府错误的公共政策等原因，使其郊区化一发不可收拾，并表现为 50 年代的住宅郊区化、60—70 年代的产业郊区化、办公活动郊区化的特征趋势。虽然郊区化发展满足了中产阶级追求理想居住环境的市场需求，却使美国社会付出了巨大的资源环境代价。城市无序蔓延，土地资源严重浪费，能源过度消耗。因此，美国在后期城镇化发展中，逐渐将生态环境建设作为城镇建设的主要内容之一。规划审批的第一件事情是"环境监测"。在规划上对城市公园、绿地建设要求严格，"凡规划确定的绿地，不论土地权属，一律不得改变用途"。

美国是发达的工业国家，常年务农的仅占人口总数的 2%。但美国始终重视农村和农业的发展。如果说中国和美国有差距的话，最大最明显的差距是在农村。美国农村家家户户都有汽车，十分方便。在加州北面著名的拉帕县，在田间我们没看到水渠，原来在田下面铺设有大量的水管，龙头一拧就可灌溉，很多地方都采用了滴灌技术，水分营养直达植物根部，节水、清洁、高效。

美国农业真正做到了因地制宜。比如北加州土地肥沃，每年日照超过 300 天，这里的农民发现最适合种植葡萄，葡萄种植迅速发展，目前邻近几个县已成为全世界著名的葡萄生产和加工基地。仅拉帕县就有200 平方公里的葡萄种植面积。而加州南部气温更高，雨水也略多，当地农民就大量种植水果。杏仁就成为加州的又一特产，其杏仁产量占全球的一半。

美国的"乡镇企业"十分发达，大部分农产品都是就地加工后直接进入市场。加工厂就设在农场里，水果大量加工成果汁销往全世界。葡萄产地除部分产品分选包装直接销售外，大部分进入当地的酿酒厂，仅拉帕县就有 370 余家葡萄酒厂。

美国为农业生产服务的人口有 15%，他们主要从事农产品加工、销售、科研、服务等活动。美国有大量的专业农业公司，如专业施肥公司、机械化农业收割公司、育苗公司、农产品销售公司等。每年冬季美国农民要签订农产品销售或期货合同，然后与其他专业公司签订作业合同，制订全年的生产计划和安排。

美国农业正发展成为农业生产、农产品加工、旅游休闲的综合产业。很多农场都对外开放，有的还收门票。很多城里人一到周末，就带着全家到农场去，感受田园风光，采购新鲜的农产品，带小孩学习农业和动植物知识。

美国国情与中国完全不同，但在我们建设社会主义新农村中，他们的一些做法和经验，无疑是可以借鉴的。

第四节　德国的"城乡等值化"

二战之后，德国城乡差距不断扩大，城乡居民贫富悬殊，大量农村人口不断涌入城市，城市饱和、乡镇凋敝的问题相继出现。到如今，德国城市化水平高达 90%，却形成了城乡统筹、分布合理、均衡发展的独特模式。

美国著名城市学家刘易斯·芒福德曾指出，"城与乡承载着同等重要的价值并需要有机结合在一起，在这方面，德国是成功的。"德国欧中经济技术交流促进会会长杨佩昌在日前谈及德国城乡发展问题时，也盛赞："德国的城市是农村，农村就是城市。"

德国在解决村镇建设这一世界级难题上，主要经验就是消除城乡"二元化"观念。

1950 年，德国赛德尔基金会开始倡导"城乡等值化"试验。该试验的核心理念是，农村与城市生活虽不同，但是等值。即通过土地整理、村庄革新等方式，实现在农村生活并不代表生活质量降低的目标。

此后，德国各州政府开始助推"城乡等值化"理念。这方面，巴伐利亚州表现尤为突出。1965 年，巴州制定了《城乡空间发展规划》，将"城乡等值化"确定为区域空间发展和国土规划的战略目标，从法律上明确了这一理念。该目标要求城乡居民具有同等的生活、工作及交通条件，保证土地资源的合理利用，保护水、空气、土壤等自然资源。

早在 1955 年，德国政府就制定了《农业法》，允许土地自由买卖和出租，使得原本规模很小、经营分散的小农场，转变为 150 亩至 300 亩或更大规模的农场，从而盘活了土地资本。

20 世纪 50 年代中期，德国政府又开始实行《土地整治法》，调整零星小块土地，使之集中连片。同时，政府还利用信贷、补贴等经济手段来鼓励小地块所有者出租或售卖土地，以促进土地自由流动，扩大集中规模。

据统计，德国农场规模由 1949 年平均每个农场 120 亩，扩大到 2005 年的 450 亩。农场数量则从 1949 年的 165 万个，减少到了 2005 年的 50 万个。由此带来了德国农业劳动生产率大幅度提高，粮食单位面积产量跃居欧盟第五位，粮食总产量跃居欧盟第二位。

在土地"集约"的过程中，德国土地上的生产方式也在不断变化。1967 年，德国制定了《合作社法》，后来又多次修改完善。德国的合作社按其设立的目的主要分为流通合作社、购销合作社、生产合作社、合作银行以及为社员提供特定服务的各种服务性合作社。

德国的法律规定，合作社员为 7 人以上，按其出资额的 10% 分红。农民参加合作社不仅可通过资源共享、互通有无、精细分工来获得丰厚的经济利润，而且能减少中间损失和债息风险。

1970 年以后，德国的大多数农业合作社走上了相互联合之路，形成更大的合作组织。最后发展成为地区性的合作联盟，甚至是国际性的合作联盟。截至 2008 年，德国合作经济组织已达到 3800 家，全国每 5 名成人中就有 1 人为合作社社员。

德国村镇在农业用地结构上，根据其自然资源禀赋特点和可持续发展要求，突出发展生态农业。目前已形成以畜牧养殖业和葡萄、小麦、大麦、玉米、牧草等种植业为特征的高度国际化的高效农业产业结构。

为更全面地提高村镇地区的经济实力和竞争力，德国村镇在升级第一产业的同时，也有序地推进二、三产业的发展。其中成效最为显著的是巴伐利亚州经验。

巴伐利亚州是德国 16 个联盟州中面积最大的州，面积 70 548 平方公里，农村面积占该州总面积的 80%。人口 12 493 658 人（2008 年），居全德第二位。巴伐利亚试点村的"城乡等值化"，主要包括片区规划、土地整合、农业机械化、农村公路和其他基础设施建设，发展教育和其他措施。

这一计划 50 多年前在巴伐利亚开始实施并获得成功，最终使农村与城市生活达到"类型不同，但质量相同"的目标。这一做法，后来被称为"巴伐利亚试验"，或"巴伐利亚经验"，并成为德国农村发展的普遍模式。根据 2010 年统计数据，巴伐利亚州的城乡 GDP 仅差 0.1 个百分点，实现了城乡居民生产、生活条件等值化的发展目标。

现在该州工业分布较均匀，70% 以上的乡镇，都有工业企业。20 世纪 70 年代初，在一系列土地及税收优惠措施下，宝马公司将主要生产基地迁入，为方圆 100 平方公里的村镇创造了 2.5 万个工作岗位。随后，西门子、奥迪等大型企业也相继在这里落户。

鉴于原野风光与龙头企业的诱导聚集功能，旅游、餐饮、娱乐、教育、信息等各项服务业也在村镇上遍地开花。从 1970 年代开始，第三产业在巴州各村镇中所占比例开始迅速提升。截至 2005 年，第三产业占其当地生产总值的比例高达 68%，就业人口占比 60%。

第五节　英国的"城镇化"

英国作家杰里米·帕克斯曼认为，"在英国人的脑海里，英国的灵魂在乡村。"这位作者写过一本书，叫《英国人》，在对自己的国家有过深刻认识之后，他有资格这样说。帕克斯曼说：英国人坚持认为他们不属于近在咫尺的城市，而属于相对远离自己的乡村，真正的英国人是个乡下人。英国的贵族对于乡村生活的热爱，对整个民族产生了重大的影响。一个真正的英国绅士，一定是热爱乡村野趣的。

100多年前，中国学者林语堂也曾颇有感触地讲道："世界大同之理想生活，便是隐居英国乡村。"尽管一个多世纪过去了，但人们对英国美好乡村的热情与向往从未停止过。恬静的乡村氛围、空间尺度、考究的生活气息，从来就是令人向往的英伦之梦，让人在感叹英国农村建设好的同时，更钦佩英国城镇化的一个个缩影，真是望山见水、记得住乡愁的城镇化之路。

英国是一个老牌的资本主义国家，也曾经是工业化与现代化的代名词。但同时，它更是一个有着古老农业传统的国家。而从18世纪中后期，到19世纪中期近100年，英国的城市人口比例，从20%提高到51%，从而使英国成为世界上第一个高度城市化的国家。

英国是通过野蛮的"圈地运动"实现土地集中的。工业革命以前，在农奴制解体过程中,英国、法国和德国都出现过贵族强占农民土份地及公有地的"圈地运动",但英国进行得最为彻底和持久。欧洲历史上,英国圈地运动是最残酷的历史事件之一,但客观上为其工业化提供了土地、资本和廉价劳动力等条件。

由于土地使用权集中在少数人手里,英国的城镇化进程得以按照"有利可图"的原则,以资源和市场为导向发展起来,各城市在产业结构和经济功能上各具特色,在形成曼彻斯特、利物浦、伯明翰、格拉斯哥、里兹等工商业中心城市的同时,出现了一批分别以纺织、工矿、港口、海滨、交通枢纽和商业为主要功能的中小型城市,形成世界上最早的城市群和城市带。

但在城市发展的同时,英国一直高度重视农村的发展规划。到目前,已成为全球城乡差别最小的国家之一。

英国农村面积辽阔,农村人口持续增长,农村占总面积的86%。英国规定,1万人以下聚居区居民属农村人口。2011年英格兰农村人口有950万,占总人口的19.3%。

英国政府长期注重从政策层面消除城乡差别。2000年英国出台农村白皮书,要求政府各部门在制定任何政策时必须考虑到对农村的影响,考虑到政策是否会给农村带来不利影响,避免侵害农村利益。2004年英国出台农村战略,重点有三个方面:一是提出农村经济社会发展计划;二是推行全民享有的社会公平,改变农村社会服务落后、机会不均等的现状;三是提升农村价值,为子孙后代保护好自然环境。

接着,英国又推出了"2007—2013农村发展七年规划",投入37亿英镑,提升农业和林业竞争力,保护改善农村环境,扶持可持续乡镇企业,创建有活力的农村社区。2011年4月1日,英国环境食品及农村事务部进行机构改革,新设立"农村政策办公室",全面统筹涉农政策,维护农业、农村及农民的利益。

英国是世界上最早推进和实现城镇化的国家，缔造了世界城镇化史中的四个创举：

第一个提出建立"花园城市"等科学理念；

第一个制定以公共政策干预引导城镇化发展方向的《城市规划法》；

第一个实行维护社会公平正义的城市（镇）社会保障体系，即"从摇篮到坟墓"的福利制度；

第一个立足统筹城乡发展较为成功地治理了"城市病"。英国推进城镇化的经验值得总结借鉴。

在城镇化建设中，英国还先后提出了四种先进理念：

一是空想社会主义者罗伯特·欧文提出的"理想城市"，主张理想的城镇应兼纳城乡优势，在城镇发展、形态、管理、社会生活等领域统筹城乡发展。

二是社会改革家埃德温·查德威克提出的社会改革论，主张通过完善济贫法、供水排水、污水处理、公共卫生、城市服务、学校建设、贫困儿童教育等社会改革计划的推广实施，解决英国城镇化快速发展过程中出现的"城市病"。

三是埃比尼泽·霍华德倡导的"花园城市"理论，花园城市运动反映了城市居民对理想住所的向往，影响了以后英国乃至世界城市发展的规划。

四是"双向运动"理念，它提出城镇化也应有先进生产要素和先进文化向农村的辐射，这种"双向运动"的结果就是城乡一体化。

在城镇化进程中，英国还创造了一种离土不离乡的乡村工业发展模式。这种模式以乡村为依托，重点发展以农业为加工对象的乡村工业。乡村工业发展的逐步集中，推动了农业与工业的分工，实现了农民的就地转化，同时又为农业的规模化经营提供了保障。一方面把农村改造成为宜居的小城镇，另一方面缓解了大城市沉重的压力。

英国农村居住成本高，不仅房价贵，且运营维护费用不菲，这已成为现阶段英国农村发展的最大难题。英国政府正加大对农村市场的新房供应量，包括商品房、公租房等各种性质的住宅，以及独栋、单元房等各种户型的住宅，并改革能源市场，缩小城乡能源差距，降低农村住宅能耗。

英国农村住宅普遍老化，新建住宅缺口大，而农村人口持续增长，一人独居一套房者越来越多，导致农村住房更加供不应求。英国公租房市场农村比城市更紧张，按排队等候公租房户数占公租房总套数的比例看，2009 年偏远农村该比例为 48%，而大城市为 41%。英国农村最低房价是农村居民最低年收入的 7.6 倍，而城市最低房价是城市居民最低年收入的 6.7 倍。英国鼓励农村集资建房，政府在土地使用、建设审批、贷款保险等环节提供优惠政策，达到降低农村住宅建设成本的目的。

英国农村人口老龄化步伐加快，农村人均年龄比城市大。许多城市人退休后，都选择环境更好的乡村定居。2007 年，英国农村 60 岁以上人口占 27%，而全国 60 岁以上人口预计要到 2030 年才达到该比例。然而农村养老社会服务水平却低于城市，每 1000 名 75 岁以上老人中，农村只有 110 人享有社会服务，而城市是 128 人。对此，英国政府采取的措施是：出资为农村老人住宅加装无障碍设施；村民组建养老护理志愿者队伍，帮助老人实现在家养老。

英国的城镇化，起步早，成效大，但城镇化以后的问题，也在逐渐显现。他们的经验，我们可以吸取；他们的问题，我们应该防范。

第三章

小城镇建设与农村城市化

　　小城镇建设是小城镇的各种要素的创立或组合以及一定区域内小城镇体系的设置、改造和发展的过程。即通过统筹城乡发展，加大公共财政对农村的覆盖，增加农村教育、卫生、交通、水利、环境等公共产品供给，实现农村地区的可持续发展，在城镇化背景下以统筹城乡经济社会发展的思路，改变过去单纯地、片面地强调加快城镇化进程的观念，更加关注城乡之间的良性互动，更为综合和全面地谋划中国的现代城乡结合化建设。

　　世界各国的城市发展经验表明，工业化和城市化是一个相互影响、相互推动的发展过程。对中国而言，在发展模式、城乡差距、收入水平的悬殊，形成城乡分离、"城乡二元化"结构。加之城乡发展在完成产业结构转变时，却未完成就业结构、空间结构和生存方式的转变。1979年改革开放以来，小城镇得到了迅速的恢复和发展。20世纪80年代小城镇数量增加，规模扩大，社会功能趋于完善，对周围社区的辐射力、吸引力和综合服务能力显著提高。宏观布局方面有的地区形成比较合理的小城镇体系，为小城镇的发展开拓了一条崭新的道路。

但中国现有的小城镇，绝大多数都是历史上自发形成的，虽有某种自然的合理性，同时也存在一定的盲目性和不平衡性。小城镇的数量较多，而规模较小，多数小城镇发展水平较低，功能不够完善，分布不均衡，结构不合理等。此外还有资金不足、人才奇缺、土地浪费、环境污染、体制不合理、管理不完善等诸多问题，都严重地阻碍着小城镇的健康发展。

作为农村新城镇的开发策略，小城镇建设从20世纪80年代开始以来，就备受关注。中央政府意图将该政策扩大到全国范围，于是从1995年开始，便着手于小城镇建设的示范事业，并制订了实施小城镇建设的计划。

2005年，提出了"社会主义新农村建设"的新方针之后，小城镇建设作为过去的一个实施政策，开始被新农村建设所取代。社会主义新农村建设，主要要求是"生产发展、生活宽裕、乡风文明、村容整洁、管理民主"。

第一节　小城镇建设及其问题

　　自 1978 年 3 月第三次全国城市工作会议上出台了关于小城镇建设的方针"抑制大城市的规模，大力实施小城镇建设"以来，距今已 30 多年了。当时，中国的经济结构正经历大变革，由此使农村产生了大量的富余劳动力。因此针对这种状况，政府出台了战略性的政策，即在乡镇企业集中的地区建设大量小城镇（新兴城市)，将农村富余劳动力"吸收"到农村地区内。以上所述就是小城镇建设的内容。在农村地区形成新的城市，然后收容富余的劳动力，这种解决策略，即使在世界范围内也是普遍存在的政策。实际上，许多发达国家，在经济发展的过程中，也选择过这种类似的政策。中国政府为了实现农村地区的稳定，发展小城镇的同时也积极推进农村工业化的进行，进而推动农村的城市化进程。

　　小城镇建设概念的提出，源于费孝通关于农村定居政策的提出。为了使滞留在农村的剩余劳动力稳定地定居在农村地区内，政府在全国各地调整了 6 万多座小城镇，并提出了通过由以 5000 人为单位"吸收"的人口，在农村地区开发出供新组成的 3 亿人居住的地方的建议。于是，"苏南模式"就是这种小城镇的成功事例。可以说，中国农村地区的城市化和小城镇化建设具有不可分割的关系。农村的城市化是由城市的社会经济发展带来的，但是既存的城市与小城镇的有机结合又加速了城市的发展，进而更加促进了农村的城市化。然而，再次俯看中国这实施了30 多年的小城镇建设状况的话，可以说在经济发达的东南地区大概是成功的，但是在经济较落后的西部地区，特别是少数民族聚居区，收效甚微。

在本次研究中，就着眼于这样的地区在实施该政策后所带来的效果的不同，从 2007 年 1 月到 3 月，我们访问了各相关政府机关和研究部门，并就小城镇建设问题开展了听证会调查，同时，对中国西部地区的鄂托克前旗、乌审旗的 12 个镇进行了问卷调查。

在本稿中，比较了中国的东部地区与西部的少数民族地区的企业活动水平和城市的性格，在西部地区考察小城镇建设的课题的同时，也根据在鄂托克前旗的问卷调查结果探讨了当地小城镇建设的实况和问题所在之处。

第二节　小城镇建设的历史过程

所谓小城镇建设，就是在农村地区建设相对小规模的市区的政策，以下是其历史进程。

1. 费孝通的小城镇论

1949 年中华人民共和国成立之后，以镇为单位的行政组织的发展几经波折。镇的基准分别在 1955 年、1963 年、1984 年变更过。改革开放后，特别是 20 世纪 80 年代初期人民公社的解体，将农民限制在农村的规定削弱，使物资和人口的流出大大活跃化。因此，为大量农村富余劳动力创造了新的组织形式。当时，费孝通先生提出了这个建议，即在农村地区建设新的小城市（小城镇），以确保剩余人口的正常生活。实际上，将大量的农村富余劳动力吸收起来，成功防止了农民向大、中城市的流入。这就是费氏有名的小城镇论。由于学习了"苏南模式"等的模范小城镇的成功事例，在东南沿海地区同样也诞生了小城市，将集散的农产品和地区特产向人口聚集中心集聚。

2. 中央政府指示要扩大小城镇建设

通过这些成功事例，小城镇建设作为"具有中国特色社会主义建设的重要样板事业之一"得到了高度评价。因此，政府计划在全国扩大小城镇建设，并于1995年着手于样板事业的建设。根据当时的计划，规定2000年全国1万处，到2050年之前建设5万座小城镇。

另外，在2001年3月召开的第九届全国人民代表大会第四次会议上通过了"第五个五年计划纲要"，提出了"重点发展小城镇，调整中小城市在地区中心城市的机能，发挥大城市的牵引作用，引导城镇密集区秩序的发展"这一城市发展规划。正是由于该规划的出台，小城镇政策作为中央政府的重点方针被大大推行。

2004年2月8日，公布了《中共中央国务院：关于增加农民收入的若干政策意见》，"三农问题"作为全国重点问题被强调。这是因为在中国市场化和工业化急速前进的过程中，农家经济的延伸依然很缓慢，它只是从开发的恩惠中被剩下的残留物。

3. 小城镇与新农村建设

根据发达国家的发展经验，解决"三农问题"的根本方法是"城市居民化"。这里所说的"城市居民化"是指：①将农村的富余劳动力转移到附近的城市，使依存于农业的人口减少，②增加剩下农民的收入，进而削弱对耕地的人口压力，③推进农村生态保护的一石三鸟的目标政策。

这是实施对财政的建设资金向农村的倾斜分配，乡镇机构、农村义务教育、县乡财政体制的改革、农用土地的转用和农民的权利保护以及环境改善等的综合的农村改革，为推进城市化，把城市和农村联合成一体作为发展目标的综合性的政策。在今天的农村地区，虽然新农村建设最大汇集了大家的兴趣，但是，这并不是从小城镇建设向新农村建设的转变，而是达到现在的两者并存的状态。

第三节　经济活动的不均衡发展

小城镇建设的道路是从 20 世纪 80 年代开始的，当时是由乡镇企业集中发展的东部沿海地区创造出来的，对中国的农村和大城市合作发展发挥了很大的作用。东部地区的城镇建设促进了农村地区的发展，为大、中城市的繁荣做出了贡献，这是不可否认的事实。

另一方面，西部地区的西藏、青海、新疆、甘肃、宁夏、内蒙古、广西、云南、陕西、重庆、四川、贵州等 12 省，包含自治区在内的是以少数民族人口为中心的内陆地区，与东部沿海地区相比，经济发展水平低下，可以说相当落后。因此，下面就从两地区的经济活动的差异的数值进行分析比较。

全国 55 个少数民族中，有 51 个民族都居住在西部地区，它们不仅在经济差距上，在地域问题、民族问题等方面也存在着许多复杂的问题。在西部少数民族地区，国有企业的市场份额很高，而民营企业等个人、私营经济部门的发展水平非常低。这被推断在西部少数民族地区成为制约小城镇建设及其效果的展现的主要原因之一。

省级区域经济社会发展的特点及问题：

我国各区域经济发展水平差距较大，区域发展不平衡问题突出。地区生产总值第一的广东省 2013 年达 6.21 万亿元（1 万亿美元），超越世界第 16 大经济体印度尼西亚（0.87 万亿美元），而西藏仅为 808 亿元人民币（131 亿美元），相当于排名世界第 122 位的阿尔巴尼亚（129 亿美元）的水平。从人均来看，2013 年天津、北京、上海、江苏、内蒙古人均 GDP 已超过世界平均水平（人均 1.06 万美元左右），而贵州仅为 22 922 元人民币（3724 美元），不及世界第 110 位佛得角（3785 美元）的水平。

从国有企业的总资产额合计数中，也能推测出同等倾向。即占全国平均水平 56.0% 的云南、西藏、甘肃、新疆、内蒙古、广西等西部地区的省市、自治区全部高于全国水平。最高是西藏自治区，达到 85.4%。相反，在广东、江苏、上海、浙江、山东等沿海各省却低于全国平均水平。国有企业的利润总额的比例也同样是这种情况。正如上述所示，与东部地区相比，西部地区在工业领域里也是国有企业所占比例及其高，民间企业的比例却很低。

第四节 城市发展的比较

据国家统计局的统计资料指出，在经济发展水平上，东部和西部有很大差异，从城市发展的侧面来看，两地区之间也有很大的差异。通过比较这两个地区，能够指出西部地区有以下问题。

（1）从西部地区城市的发展来看，虽然行政机能非常强，但是牵引经济发展的机能却非常弱。原来西部边境地区是作为对美，对苏战争而设置的"三线建设"的据点，政府在西部的大城市部署了政府管辖的国有企业（军需产业等）。例如甘肃省的兰州市、内蒙古自治区的包头市等。这些产业的封闭性比较强，由于是被从民间需要中分离出来的，所以像这样的企业的经济波及效果也不得不被限制。

（2）大城市的数量少。西部地区的面积占全国的60%以上，但是人口却是全国的27%。全国660座城市中西部只有126座（19%）（东部有287座，43.5%）。其中人口100万以上的特大城市西部25座（14.6%），东部96座（56.1%），两者的差距更大。特别是宁夏回族自治区和西藏自治区，一个大城市都没有。根据第五次全国人口普查的统计，全国的城市人口达到了4亿5600万，全国平均城市化率是36.1%，相比西部的28.3%，东部达到了50.9%）。农村地区的经济发展依存于大、中城市经济的波及效果的地方很大。然而在西部地区，牵引经济的大中城市却很少。在东部地区的长江三角洲、珠江三角洲地区，一部分小城镇的飞速发展，源于周边的上海、南京、广州、香港等大城市的开发。在西部少数民族地区，大城市少，而且由于前文所提到的经济波及效果也弱，所以不得不说即使建设小城镇，雇佣创出等的经济牵引力也会被限制。

（3）由于西部大开发，能源基地的建设和交通基本建设、城市基础设施的配备等大规模的开发资金的投入，使得西部各地区利用这个机会的潮流扩散。矿物资源特别是对碳、天然气的开发急速进行。实际上，北京市 1/3 的电力是从内蒙古自治区输送过来的，且北京、天津、上海等大城市的天然气全部都是从西部地区输送的。西部大开发，虽然使资源丰富的地区得到了急速发展，但问题是也给周边带来了大的负面的波及效果。不过，确实在这样的"发展"地区，小城镇也例外地顺利发展起来，人口也急剧增加了。但是，在其周边地区，有只依存于生产性低的产业的低开发地区，类似这样的地区，人口是减少的，经济状况也进一步恶化。这次，据在内蒙古自治区的鄂托克前旗的调查，2006 年在该县政府的所在地敖勒召其镇的人口减少了 1 万人（总人口是 3 万人）。另外，伴随着开发，沙漠化、地下水污染等自然环境的破坏也成为严重问题。

西部大开发的结局是在西部地区接受小城镇政策的农民所建设出来的"容器"并没有使其周边的产业城市发达起来，因此像以东部地区的小城镇建设为契机的开发的齿轮转动得并不顺利。

第五节　建设新型小城镇应采取的措施

　　小城镇是区域经济发展到一定阶段的产物，是区域经济、文化、社会特点的集中体现。目前，全国共有 18 000 个乡镇，30 000 个集镇区。我国小城市发展越来越快，作为连接农村和城市的特殊地域，小城镇正发挥着越来越重要的作用。国内外各种城市发展经验告诉我们，小城镇在推动城市化进程，拉动农村经济，解决农村剩余劳动力方面都起着非常重要的作用。因此，加快小城镇建设步伐，提升小城镇建设品位和发展规划是经济社会全面发展的一个大战略构思，是势在必行的。因此，十三五规划期间，我国应该力争建设新型功能性小城镇 1000 座，紧紧围绕小城镇建设与产业链条紧密结合的战略思路来重新架构，从而实现产业和社会双重升级的战略目标奠定基础。

　　各国小城镇建设发展的历程，虽然做法各不相同，但具有不少共同之处：如，各级政府加大力气，重视基础设施建设和公共服务设施建设，重视地域文化和人文环境，重视生态环境保护，重视建设管理，重视小城镇的个性。英、美、韩三国的小城镇发展，起步较早，特色显著。英国在小城镇基础上建设新城，美国围绕城市完善小城镇配套，韩国以立法保障来推动小城镇发展；这三个国家都强调城乡协调，以人为本，保持传统和历史的延续性，积累了丰富的实践经验。他们以发展小城镇来缩小城乡差距、实现城乡一体化为根本目标。同时，他们重视规划的权威性，重视基础设施建设和公共服务设施建设，重视地域文化和人文环境，重视生态环境保护，重视建设管理，重视小城镇的个性，对我国具有重要的借鉴与启示意义。

围绕大都市周围建设小城镇。这样可以分散人口，克服大都市的各种弊病。法国的巴黎、英国的伦敦及韩国的首尔都分别在其周围建设了小城镇，首都人满为患的压力得到了不同程度的缓解。资金筹集方面，法国城镇基础设施建设资金来源主要有市镇税收、国家拨款、银行贷款、企业投资、发行长期债券以及保险公司、老年保险等基金投资。日本政府主要用两种方式以自身投资引导民间资本投向，一种是用小量投资撬动民间资本进入小城镇建设，为民间资本创造投资条件；另一种是共同投资，将民间资本和经营能力引入政府的投资事业，由中央政府、地方公共团体和民间企业共同投资建设小城镇。

我国目前民间闲散资金较多，国家需要创造投资环境，其中建设功能性新型小城镇是一个非常好的项目。美国小城镇建设资金由联邦政府、地方政府和开发商共同承担，联邦政府负责投资建设连接城镇间的高速公路，小城镇的供水厂、污水处理厂、垃圾处理厂等是由州和小城镇政府负责筹资建设，开发商负责小城镇内社区内的交通、水电、通信等生活配套设施的建设资金；在美国，环境建设是城镇建设的主要内容之一，给小城镇提供了一个可持续发展的社会经济环境。

美国小城镇规划有四条基本原则：尽可能满足人的生活需要，充分尊重和发扬当地的生活传统，最大限度地绿化和美化环境，塑造城镇不同地特点和培育有个性的城镇；英国小城镇建设经验集中体现在几次规划运动中，包括霍华德的田园城市运动，新城建设运动，米尔顿·凯恩斯城建设、农村中心村的建设等，英国十分重视规划在小城镇建设发展中的重要作用。重视建设管理，所谓"三分建设，七分管理"，一个好的城镇更需要好的管理。要建章立制，依法办事。重视城镇特色，追求个性。重视城镇特色是美国城镇建设的特点之一，无论走到哪里，都能看到不同面貌和特色的小城镇；德国村落建设与自然巧妙地融合在一起，在统一中寻求特色，在突出特色中满足规划的统一要求。

小城镇建设最根本的是要发展特色经济、培育支柱产业，否则，小城镇就成为无源之水、无本之木，就会出现"空城"。因此，在建设小城镇时，必须把发展特色经济、培育支柱产业摆到首要的位置。发展特色经济，培育支柱产业，必须立足本地资源优势和条件，围绕建设工业带动型、商贸流通型、旅游拉动型、资源开发型等各具特色的功能性新型小城镇，它的特点可以概括一下几点：①要有一个强硬的主导产业（最好是有中国500强企业进驻），不是空壳城市；②要有一个优越的人文地理环境，不是脏乱差集中的地方；③要有一个畅通的交通网络系统，不是封闭的人口聚集区，从而真正实现人流、物流、信息流的现代化中坚城市的功能

（1）铁路沿线地区建立功能性新型小城镇；以国家大中型制造业为主打产品。大中型制造企业未必设在大城市，国家应该设定相关政策，采取强有力的措施，把大中型制造企业从大城市迁出去，特别是一些污染企业要强制性搬迁，让他们到铁路沿线，交通便利、人文环境优越的地区，再进行技术创新，更新换代，从而实现、降低成本、增强竞争力、带动地区经济发展的目标。

（2）资源密集地区建立新型功能性小城镇；以资源开发为主打产品。从现在内蒙古地区来看，因矿产资源的开发自然形成了很多小型集镇，但基础实施建设落后，人居环境较差等问题很突出。在这些区域，国家应该投入资金，尽快建立新型小城镇，让四面八方涌来的流动人口永居

在那里，从而大大减少城市和交通压力。

（3）区域特色地区建立新型功能性小城镇；以旅游产业为主打产品。目前我国小城镇建设在规划编制中，往往是对自身历史渊源、文化背景、风土人情等个性特质的把握不足，建筑布局单调呆板，"千城一面"现象很突出，没有文化风味和旅游观赏价值。西部少数民族地区要更加突出民族特色，要用世界独一无二的区域特色来建立和增强地区的吸引力。

（4）边境口岸地区建立新型功能性小城镇；以进出口贸易为主打产品。我国周边和16个国家接壤，有丰富的边境贸易和旅游资源，这些得天独厚的资源，对我国的进出口贸易起着举足轻重的作用。在这些地区建立以边境贸易和旅游为主的新型小城镇，以对面国家的需求建立相关产业，比如，蒙古国缺乏蔬菜，那么国家应该特地设定扶持边境城镇的有机农业。

1984年费孝通先生在《小城镇大问题》中曾提到：把小城镇作为城市和农村的交流"节点"，最终达到"点亮一盏灯，照亮一大片"的功效的战略思维。但时隔30余年，我们始终没有达到这个目标。南方和沿海地区以外的所谓的小城镇建设一直在名字的更改当中徘徊，没有实质性进展。其中重要问题就是没有支柱产业。要以工业园区为载体，合理规划并建设其他相关产业，要采取有效措施，对专业市场及重点企业进行集中建设，鼓励新建企业、为该地区发展做出贡献。

第四章

新农村建设与"城乡一体化"

社会主义新农村建设政策，是 2005 年 10 月提出的。此后，于 2006 年 3 月在中国第十一个五年规划中发表，新农村建设政策作为面向解决"三农"（农业、农村、农民）问题的方案被采纳。

所谓"新农村"，是与生产力的发展、富足的生活、乡土文化的发展、清洁的居住环境、民主的管理运营方式相符合的，是指农村居民居住，从事各种生产活动的村落。新农村建设政策是与以往的村庄建设政策完全不同的政策。

社会主义新农村建设政策出台时日尚少，能发现其内容在各地域之间有若干的偏差，用一句话来概括的话，社会主义新农村建设政策是极具概括性的覆盖全体的政策，这可以说是它最大的特征。为了与生产力向上，改善生活质量，环境保护相适应，它包含与以下内容相关的所有内容，包括建筑物、道路设施建设，公共基础设施建设，村落环境整治等的计划、实施和管理。以往的村庄建设大体上限定在房屋用地的区划整理和农家住宅的新建等方面，社会主义新农村建设政策主张进行生活环境的综合整治。

第一节　新农村建设的目标和政策

社会主义新农村建设政策（以下，简称新农村建设），是作为面向解决"三农问题"（农业、农村、农民）的方案而提出的政策。它与以往的小城镇建设相似的同时又有明显不同的特征，为了缩小城乡差距，新农村建设将实现城乡一体化作为其基本目标。

1.确保农民的主体性并激发其积极性与热情

不是将地方政府（乡镇政府），而是将农民明确定位成新农村建设事业的主体。为了调动农民的主体性,奖励到先进地区进行视察。而且，获得了从乡镇和村申请事业的申请方式（申请制度）。而且，面向农民进行计划的明示与公开，广泛征求农民意见的同时，也十分重视通过村民代表会、村民大会进行自主决策的过程。

2.让农民参与到计划、实施和管理的过程

有若干内容和（1）重复，为了让农民主动地参与到新农村建设的计划过程中，决定了劳动力投入和资金筹措的方法。而且，在新农村建设的基础设施建设方面，采用了政府主导，村落为事业主体，农民付出劳动力，政府提供物资材料的方式。

3. 生活环境的综合整治

以往村庄建设事业的内容是指，对房屋用地的基础整治管理和农家住宅的基础建设方面。新农村建设将其扩展到全面改善生活环境的领域。具体包括，村落内马路、人行道的整治和铺设，供水系统，电力系统，通信设备，光纤电视线路设备，地下排水系统和生态环境保护，天然气利用，文化、运动、卫生相关的公共设施等方面的建设。提出了作为村落环境改善的"三清四包五改"的口号。清除垃圾、污泥、路上障碍物（三清），庭院清扫、庭院秩序维护、庭院绿化交由农民自身来维持和管理（四包），改善农家住宅的饮用水、厕所、厨房、畜舍，改善形象（五改）。

4. 土地利用的合理化

为了解决"空心村问题"，将零散分布的农家住宅集中到一处进行集约化管理，这样就产生了剩余空地。而且，为了资金问题的解决，将剩余空地转换为农地或者公共用地，将土地的收益作为投资资本的回收，也就是说采取处理剩余土地的方法成为可能。

5. 设置综合的服务领域

在村落内设置公园、广场、文化活动中心、福利服务中心、选购日常物品的店铺、简便的医疗诊所和药店、农业知识普及中心等综合服务领域。从构建生活圈的视角出发导入整治生活环境的方针。

6. 在农村培植新型产业

在农村培植新型产业，确保农民收入的增长。具体说来就是，通过农作物的直销，导入新型农业技术，有效地进行城乡交流，引进外部资本和协作生产新作物，来增加农民的收入。

7. 强化农村与都市的协作

强化农村与都市的协作。具体说来就是，考虑实现都市与农村的一体化发展，让都市的经济实力回流到农村，都市为农民提供了就业机会，能够让农民提高收入，还包括上级政府为新农村建设提供资金帮助等方式。

8. 提高农民的工作能力

为了减少农村的剩余劳动力，提高农民收入，为农民提供免费的受教育机会。具体包括，园林绿化技术，料理技术，社交礼仪（礼仪），管理服务等专门的技术教育，以及到都市工作时必要的法律法规、职业技能等。

以上特征是指向农民的政策实施，对农村基盘实施的政策，地方行政的改革，要对此之外的制度改革进行分类的话，整理如图一所示。

新农村建设的规划和政策，调动了中国农村发展的积极性，但也存在一些问题。一是对民间投资依存度过高，二是受益者（农家）承受的负担太重，三是农民参与的过程中不容易达成一致意见，四是强加给新的"生活方式"，五是产业振兴和人力资源培育之间的协作不充分等。新农村建设政策，从上文中的农村整治策略中进行了广泛的统一合并。因此，将两者进行对等的比较是不适合的，确认将以往的错误的问题点如何进行修正才是其意义所在。

这次提出的新农村建设，具有以下特征：

（1）重视农民的主体性并激发其积极性与热情；

（2）让农民参与到计划、实施和管理的过程是关系该计划的根本事项。有步骤地站在农民申请的立场，让农民全面地参与到计划、实施、管理的过程，采用这种自下而上的计划实施顺序。以往的政策多采取自上而下的手法，新农村建设政策与之形成了极其鲜明的对比；

（3）将生活环境的综合整治作为重点以及土地利用的合理化，都是与农村基盘整治相关的特征，尤其是大幅度地扩大了以往的整治内容，是新农村建设的重要特征；

（4）设置综合的服务领域，与领先实施的地方行政改革相关联；

（5）在农村培植新型产业方面，以往的政策很不充分，在新农村建设中作为重点被提出；

（6）强化农村与都市的协作是确保资金的相关事项。在新农村建设的背景中有包含制度改革的都市农村一体化政策，是为了担保事业的顺利实施。这点作为新农村建设的新特征很是引人注目；

（7）充实提高农民的工作能力，是和在农村培植新型产业联合起来的，是把农家的剩余劳动力向非农业部门圆滑转移的政策。这也是就以往指出的问题进行的改善。

如上所述，新农村建设的内容是极其全面的。而且，研究其内容的话，就能看出想要改善以往政策中存在的问题的意图。

第二节　城乡差距的现状和趋势

　　新农村建设是以改善农民生活为目的的农业改革，所以农村地区的经济结构并没有很大的改革。另一方面，最近，因为工业化的原因，城市的经济得到很大发展,但结果就是使得城乡之间的差距问题更加明显。今天，在城乡之间存在各种各样的差距，接下来，就将差距的现状和态势一一表示出来。

1. 收入的差距

　　城市居民与农民的收入差距近年来日益扩大，考虑到城市居民在医疗、住宅等方面有着优厚的待遇的话，实际上，城市居民与农村村民的收入差距变得更大。

2. 生活水平的差距

　　从食品消费支出的恩格尔系数进行比较的话，也有家庭联产承包制度的效果，在 1978 年和 1989 年间，城市和农村的差距一度被消除了。但是，从 1990 年以来，差距再次扩大。1989 年城市和农村的恩格尔系数分别是 54.4%、54.8%,然而,在 2000 年又向 39.4%、49.1% 的方向扩大。城市居民的生活水平是显著提高，而农村的生活水平依旧停留在城市居民 20 世纪 90 年代初期的水平，改善缓慢。

3. 教育的差距

在城市普及了九年义务教育，90% 以上的初中毕业生可以进入高一级别的学校，而农村地区的子弟接受高等教育的机会还不到城市地区的 1/3。因为贫困的原因而不能继续学业的事例还不少，这使得城市与农村的教育差距成了固定化，也成为阻碍农村地区经济社会发展的原因。

4. 社会保障的差距

从 20 世纪 80 年代中期开始试行的社会保障制度改革是只针对城市居民为对象进行的，农民除了贫困扶助、特别贫困层的社会的救济以外，并没有受到来自医疗保险、年金、失业补助等的社会保障和社会福利的恩惠。

5. 公共设备配置水平的差距

相对于大体完善的城市地区的公共设施的配置和公共服务的供给体制，这些在农村地区都大幅落后。农村地区不仅缺乏便利的交通基础、美丽的公园、文化娱乐设施、大学、能够高度医疗的医院等基础设施，就连像农业水利设施这些基础的生产基础设施也在朝着老朽化的方向发展。道路、电气、供水系统、信息通信网等的社会资本的配置率也是低的。

6. 承担以兼职为起因的差距

在农村地区，社会资本的配置问题有所进展，农民不得不无偿兼职各种各样的基础设施的建设，因为这个原因而失去了可以获得报酬的机会，这得到了农民的恶评。

隔离城市和农村的经济体系被称为"二元经济结构"，无论在哪个国家都是要直面的问题。在经济发展的某个时期，以牺牲农业、农村、农民（所谓的"三农"）进行工业化和城市化的事例绝不罕见。但是，问题就出现在那个时候。许多国家的这个过程期比较短（20～30年）。于是，工业化、城市化继续推动着今后"三农"的发展。可是，在新中国成立的60多年间，"以农促工的结构""农村成为城市的牺牲的结构"并不能从根本上变革8）。二元经济结构被固化到今天，于是，二元体制、经济结构、社会结构三者相互胶着，成为"痼疾"。

第三节　新农村建设的主要成就

　　中国农村政策的新的关键词是新农村建设政策，其特征整理如下。具体来说第一点是，新农村建设政策的出台、其基本理念和特征的介绍，之后，是新农村建设和小城镇建设政策的比较，对这两个政策的社会特征、组织活动规定等的讨论。

　　新农村建设是 2005 年末开始的新兴事业。其基本目标是解决"三农问题"，缩小地区间差距（东部和西部、城市和农村），人与自然的和谐统一。为全面强化对农业、农村、农民的支持，基于"工业回报农业，城市支援农村"的新理念，实施农村开发战略，采用借助经济发达的城市的力量来激发农村的活力的战略。据此缩小城乡之间的差距，为促进中国的可持续发展积极努力。缩小地区差距，意味着"三农问题"的解决迈出了有力的一步。

　　按照国际上新农村建设的经验，通过实施农村基础设施整治事业、普及优良农作物品种、利用农药肥料增产、推进农业生产的机械化和多角度化。而且，还采取了实施"提高米价的政策"和推进对城乡所得进行再分配来缩小城乡差距，以农村、农业、农民为对象，提供金融服务，确保公共投资并使其平均化等各种有效的方式，来缩小城乡差距。结果实现了农村的发展、实现了农民收入的增加。

我国的社会主义新农村建设，按照中央提出的"生产发展、生活宽裕、乡风文明、村容整洁、管理民主"的总体要求，制定了社会主义新农村示范村的建设标准。

1. 产业发展。有 1～2 个支撑农民收入的支柱产业；农村合作经济组织农户参合率达到 50% 以上。

2. 生产条件。人均有 0.5 亩以上能排能灌的基本农田；农业耕种收机械化水平每年提高 2% 以上。

3. 收入水平。农民人均纯收入都市经济发达圈、渝西经济走廊、三峡库区生态经济区（含渝东南地区）分别达到 7000 元、6000 元、5000 元以上；80% 以上农户有较稳定的增收来源。

4. 人居环境。户户通电、通自来水、通电视；相对集中的居民点有一个晾晒休闲的院坝和垃圾处理点；农户有单独卫生的厨房和厕所；农民住房砖瓦化，砖混结构达到 85% 以上；林木覆盖率达到 40%。

5. 农民素质。实现高质量"普九"；未继续升学的中学生培训率 80% 以上。

6. 农村道路。通村公路油化或硬化；主要生产、生活道路硬化（含石板路）。

7. 社会事业。有"一校三室一园"，即：建好村小学、有办公室、卫生室、文化活动室、"五保家园"；计划生育率达到 95% 以上。

8. 农村社保。农村新型合作医疗参合率达到 85% 以上；建立农村养老保险和最低生活保障制度，应保尽保；五保户集中供养率达到 90% 以上。

9. 文明风尚。有村规民约；无重大刑事案件、无重大安全事故、无群体性事件；村民对治安状况满意率达到 95% 以上。

10. 民主政治。村"两委"班子和谐；村级公益事业实行"一事一议"

民主决策；设有公开栏，实行党务、村务、政务、财务"四公开"；村民对村"两委"班子的满意率达到 85% 以上。

有消息说，到 2014 年底，已经有 1000 多个村庄，达到了示范村的标准。示范村的建设，也为全国的新农村建设，提供了丰富的经验。

近年来，我国在构建城乡体制机制上，也有重大突破。比如出台了户籍制度改革新政，提出了关于农村集体土地三全分制的试点方案，解决了户籍的藩篱，建立了城乡统一的户口登记制度。刚刚闭幕的中央经济工作会议，再提农民工市民化，继续破题城乡一体化工作，后者触动了农村集体产权的核心问题，赋予农民对集体产权的处置权，使农民带着资产进城成为可能。在推进城乡要素平等交换和公共资源均衡配置改革进程中具有里程碑意义。

第四节　融入新农村建设的"城乡一体化"

在新农村建设的背景下有城乡一体化政策，为了正确理解新农村建设的意义，有必要关注一下比新农村建设稍早一点登场的城乡一体化政策。

根据 2005 年 12 月 30 日人民日报刊载的消息，当时正值推进新农村的建设，以下就几点关心的内容进行详细论述。

1. 确立统筹城乡发展规划的构思。

2. 形成以工促农、以城带乡的长期体制。

3. 预测农村经济的正确发展方向，坚持原则。

4. 废除形式主义和官僚主义，倾听农民的需求，不给农民强加负担。

5. 充分发挥基层共产党组织（村党支部）的领导能力。

这些点是以前的农村政策中有的点，是有关于城乡一体化政策的。

具体的城乡一体化政策的范围涉及以下 10 个项目，是极具概括性的东西。

（1）城乡产业一体化

（2）配置一体化

（3）社会保障一体化

（4）科学、教育、文化以及卫生一体化

（5）就业体系一体化

（6）收入分配体系一体化

（7）资源配置一体化

（8）公共设施一体化

（9）市场体系一体化

（10）管理制度一体化

那么，展示与新农村建设相关联的深层次的部分的话。有关对新农村建设中农村综合环境配置的侧面的影响是，城乡结合，统筹规划、配置，考虑城市和农村分担的功能不同，策划制定新农村建设的规划，定位新农村建设示范地区的基础聚落的配置等，所谓导入圈域的规划论，这是重要的。

其他方面，例如，在支持物的配置等的制度改革上，有以下三点。第一是城市到农村公共投资的财源转移，第二是乡镇政府的合并再编，接着，第三是通过废除农业税，减轻农民的负担。

为了实现新农村建设，中央政府针对农村基础设施的改善配置决定了重点分配财源的名叫"六小工程"（6个小型工程）的方针。该"六小工程"是指，①节水灌溉设施的配置，②确保人与家畜的饮用水安全，③乡村道路的配套，④促进农家沼气的利用，⑤引入小规模的水力发电，⑥游牧地区的草原的保护管理（禁止放牧地区的设定以及对农民的直接补偿）。然而，根据国家发展改革委员会的调查，配置该"六小工程"的话，有必要向农民征收公共投资款，每人从1700元到4900元不等，在全国实行的话，约有4万亿是必需的。

加之在2005年全面废除了在中国具有2600多年历史的农业税，为了填补由此带来的税收减少的问题，决定每年从中央政府补贴1000万元。

由于经济增长，中央政府决定，将增加了的税收转用于农村，确保其公共投资的财源和对废除农业税的填补。因此，把必要的经费从经济显著发展的城市地区向开发程度低的农村地区转移，是一个强有力的政策。

在制度改革上，城乡一体化政策无论在哪里都支持新农村的建设，它是决定新农村建设成功与否的关键。在宏观地区的水平上，将东部（沿海地区）向西部（开发程度低的地区）转移，在微观地区的水平上，实现在各级政府内的城市对农村经济支援的制度，由于该政策刚刚开始实行，所以还没有完全显现出实际效果。

综上所述，我们就可以清楚，城乡差距是经过多年逐渐形成的，实行改革开放政策之后，在这30多年里，特别是从"计划经济"到"市场经济"的转换之后，它们的差距日益扩大，能否在短期内解决这个问题是新农村建设的重点。

城乡一体化政策是在生产力水平和城市化水平都比较高的情况下的有效政策。城乡一体化政策的重点不是结果，而是它的过程。城乡一体化政策不是为了把所有的农村变成城市面貌的过程，也不是为了推进农村的城市化，城市与农村的区别是永久的。

城乡一体化政策是协调城市与农村构建生态环境、共同繁荣、生活富裕的政策，确立城市与农村统筹谋划的构思，坚持"以工促农，以城带乡"长期的体制。

第五节　农村基层组织建设探索

　　为了减轻农民的负担，从根本上解决"三农问题"，我们国家从 2006 年起，开始进行农村综合改革。其中包括农村的基层组织建设，也包括各项管理制度的创新。围绕这些问题，我们在江西、内蒙古、四川等地，进行了一些调查，也证实了农村行政体制改革的必要性。

　　在农村土地集体所有制的情况下，农村基层组织对于土地的掌控，相对来说是比较容易的。然而，近年来，由于市场经济和信息化的发展，农民在经济和精神上都在不断地独立。因此，若依靠以前那样的手法，来强制地推动社会资本的调整则变得更加困难了。而实际上，在农村地区，因为土地问题引发的矛盾纠纷，可谓接连不断。也就是说，我们需要的不仅仅是由上情下达的意见传达方式，采取自下而上、下情上达的意见听取方式也是必要的。

　　对于农民来说，最贴近身边的行政组织就是设置在村一级行政单位的村民委员会。但是，村民委员会是政府的基层组织，基本上不得不服从上级政府的方针政策。也就是说，村民委员会的意见，需要和上级的行政组织的意见保持一致。多数行政村的人口规模，大概在数千人左右。作为考虑农民直接参与的单位来说，有很大不便。从另一方面来看，因为村民委员会的成员是 18 岁以上的农民（村民）通过选举产生的，他们可能组成间接地代表农民意见的组织，并且也有可能进行管理。

在改革开放以前，因为所有的开发，都是在政府主导下进行的。如果现在的村民委员会依然采取这样的工作方法，就难以代表农民的意见。因此，在政府的方针和农民的意见如何调整这一点上，有一些农民和官员，都是很困惑的。

农民都有同样的姓，以类似家族关系来结盟的自然村有很多。并且，村中的纠纷在大多数的情况下，并不采取诉讼的形式，而是由村中的年龄最长者（族长）听取双方的意见之后进行调停。以这种经验作为根据，形成了一些理事会，不仅易于总结和汇集意见，而且也可以互相帮助。

新农村建设理事会是首先在江西省一些地方出现的。后来这种结构也在全国各地广泛地推进，并受到各界关注。

2007年春天，笔者在内蒙古自治区的达拉特旗树林召镇五股地村调研。那里设置了和江西省类似的新农村建设理事会，只是有些不同之处。因为内蒙古自治区是少数民族地区，在理事会的成员"五老"之中，一定会有一位当地的少数民族代表，或者民族团结的模范。而且，关于理事会的作用，也指定了四点内容：一是监督作用。这主要是督促党支部书记和村长的活动。二是问询作用。关于农民的意见和村落的发展规划提出战略性意见。三是对农民和政府的良性作用。在政府决定计划与方针的阶段，理事会成员把内容传达给农民，调整政府的方针和农民的意见。四是调节民俗问题的作用。因为涉及少数民族地区各种民族问题、宗教以及习俗问题，要很好地调节。从以上几点来看，新农村建设理事会与其说是代表农民利益的调节组织，更具有村级单位的行政下级组织的特点，真正意义上取得了农民的信赖。

总之，由农民自发组织的新农村理事会，尊重农民的主体性。在计划、实施过程中，可以让农民参与进来。农民参与政治，也是把握新农村建设成败的关键之一。同时，如果理事会能很好地履行职能，由此可以说中国农村的基层民主化更进了一步。

1. 理事会的构成

村民委员会是在每个行政村里设置一个，理事会是以自然村为单位设置的。由于行政村通常是由多个自然村构成的，因此，行政村中可以有多个理事会。但是，因理事会并不参与其他自然村的事务，所以理事会与理事会之间也没有横向的协作关系。

2. 理事会的章程

村民委员会中，会预先根据各自的职务来设定其职能。而在理事会中，是根据由农民自身制定的理事会章程来规定其职能的。也就是说，理事会的职能是由农民自身来决定的。但是，代表农民的意见始终是其最根本的一点，这是不变的。

3. 理事会的成员

称作"五老"的成员（老模范党员、老军人、老领导、老教师、老劳动者）构成了理事会。关于人选是由农民自身来决定，行政上丝毫不涉及。他们出自自然村中的人望家族，作为村里的长老而受到尊敬。

4. 理事会的预算和报酬

村民委员会是有预算的，村长及村民委员领取一定的报酬。理事会则完全没有经费和报酬，是作为无报酬的志愿者而存在的。

理事会的主要作用是：（1）对于计划、事业形成村民的一致意见；（2）资源的动员；（3）事后的维护管理。

在履行正式的决定手续之前,要在理事会询问本村将来的发展方向,在计划中采取与否也要进行调整。因为政府的官员对当地的习惯、语言、礼节规矩都不了解,和农民与人民政府直接交涉相比,通过理事会来汇集、总结农民的意见会更容易。若通过理事会,那么当地的想法也能非常了解,政府的计划和其意图也能够向每个农民顺利地传达。在这种背景下,乡镇人民政府的官员并不一定是出生于当地的。

理事会可以根据农民的意见,向村委会提出本村的发展计划,或者修改村委会的计划。比如,有些农民因为是在村落内养猪,住宅与畜舍是混杂在一起的。为了将畜舍从住宅分离,通过理事会来汇集村民的意见,从而实现养猪区的建设。

理事会正期待着发挥有效的作用(形成农民的一致意见,资源动员,对于维护管理的贡献),另一方面,作为农民的自主性的组织,政府虽然默认了理事会的设置,但并未在制度上给予其明确的定位。因此,理事会的意图也有轻易被危害的危险,并且,这种制度的模糊性也阻碍了理事会向代表农民意愿的居民自制组织发展。

第五章

树立农村发展的新理念

农村、农业、农民，是一个国家存在的基石，也是每个国家需要特别重视的领域。作为一个农业大国，中国的"三农"问题，在工业化及后工业化时代暴露的问题愈加明显。历届国家领导人都对解决"三农"问题，稳定农业基础，引导农民致富，建设与时代同步发展的新农村给予重点关注，并采取各种举措进行扶持。

改革开放30多年，中国乡村发生了非常大的变化，很多村逐步变成空心村，外出上学、务工，年轻人和文化人流向城市，留守在农村的更多是老人、孩子与妇女。

一方面，我们希望保留农村这些老房子、老树、老墙、祠堂、小庙、老物件、老手艺等。另一方面，又希望自家的孩子住进城里，有一份好工作、高收入，像城里人一样享受现代生活。

第一节　利用大数据，创新农业结构

一、利用农业大数据的作用和意义

农业大数据是融合了农业地域性、季节性、多样性、周期性等自身特征后，产生的来源广泛、类型多样、结构复杂、具有潜在价值，并难以应用通常方法处理和分析的数据集合。它保留了大数据自身具有的规模巨大、类型多样、价值密度低、处理速度快、精确度高和复杂度高等基本特征，并使农业内部的信息流得到了延展和深化。

农业大数据是大数据理念、技术和方法在农业的实践。农业大数据涉及耕地、播种、施肥、杀虫、收割、存储、育种等各环节，是跨行业、跨专业、跨业务的数据分析与挖掘，以及数据可视化。

农业大数据由结构化数据和非结构化数据构成，随着农业的发展建设和物联网的应用，非结构化数据呈现出快速增长的势头，其数量将大大超过结构化数据。

农业大数据具有五个特性：一是数据量大；二是处理速度快；三是数据类型多；四是价值大；五是精确性高。

从领域来看，以农业领域为核心（涵盖种植业、林业、畜牧业等子行业），逐步拓展到相关上下游产业（饲料生产、化肥生产、农机生产、屠宰业、肉类加工业等），并整合宏观经济背景的数据，包括统计数据、进出口数据、价格数据、生产数据、乃至气象数据等。

从地域来看，以国内区域数据为核心，借鉴国际农业数据作为有效参考；不仅包括全国层面数据，还应涵盖省市数据，甚至地市级数据，为精准区域研究提供基础。

从粒度来看，不仅应包括统计数据，还应包括涉农经济主体的基本信息、投资信息、股东信息、专利信息、进出口信息、招聘信息、媒体信息、GIS坐标信息等。

从专业性来看，应分步实施，首先是构建农业领域的专业数据资源，其次应逐步有序规划专业的子领域数据资源，例如针对畜品种的生猪、肉鸡、蛋鸡、肉牛、奶牛、肉羊等专业监测数据。

为了不断推进农业经济的优化，实现可持续的产业发展和区域产业结构优化，进一步推动智慧农业的建设进程，需要全面及时掌握农业的发展动态，这需要依托农业大数据及相关大数据分析处理技术，建设一个农业大数据分析应用平台——农业大数据平台来支撑。

在技术上，该平台应该充分运用先进数据管理技术和数据仓库技术，建设具有高效性、先进性、开放性的商务智能项目。结构上，该平台应具有良好的可配置性，满足资源、业务流程的变化。同时随着业务的发展，业务量的增加，系统也应该具有良好的应用及性能的扩展。

农业大数据平台可以实现数据库的交互，可以根据农业大数据研究的个性化需求，形成一系列相关公开发布数据的采集机制，将数据采集的相关程序设计并编写完善，部署此套机制在平台上周期运转；可以进行数据的浏览，对数据进行查询、展现和基础统计分析等初步应用；可以实现农业大数据分析人员的交流平台。

通过大数据平台的建设，汇集各方资源，构建农业领域特色的大数据研究中心；通过数据整合，采集和加工处理，建设中国第一个专业的农业数据资源中心；依托农业大数据相关技术，包括数据采集技术、存储技术、处理技术、分析挖掘技术、展现技术等构建农业大数据应用平台；通过分析应用平台，进行成果发布，形成农业领域专业研究的权威成果发布平台，服务于高校和政府、涉农企业、社会公众等。

农业农村大数据已成为现代农业新型资源要素。当前，大数据正快速发展为发现新知识、创造新价值、提升新能力的新一代信息技术和服务业态，已成为国家基础性战略资源，正成为推动我国经济转型发展的新动力、重塑国家竞争优势的新机遇和提升政府治理能力的新途径。

农业农村是大数据产生和应用的重要领域之一，是我国大数据发展的基础和重要组成部分。随着信息化和农业现代化深入推进，农业农村大数据正在与农业产业全面深度融合，逐渐成为农业生产的定位仪、农业市场的导航灯和农业管理的指挥棒，日益成为智慧农业的神经系统和推进农业现代化的核心关键要素。

发展农业农村大数据是破解农业发展难题的迫切需要。我国已进入传统农业向现代农业加快转变的关键阶段。突破资源和环境两道"紧箍咒"制约，需要运用大数据提高农业生产精准化、智能化水平，推进农业资源利用方式转变。破解成本"地板"和价格"天花板"双重挤压的制约，需要运用大数据推进农产品供给侧与需求侧的结构改革，提高农业全要素的利用效率。提升我国农业国际竞争力，需要运用大数据加强全球农业数据调查分析，增强在国际市场上的话语权、定价权和影响力。引导农民生产经营决策，需要运用大数据提升农业综合信息服务能力，让农民共同分享信息化发展成果。推进政府治理能力现代化，需要运用大数据增强农业农村经济运行信息的及时性和准确性，加快实现基于数据的科学决策。

发展农业农村大数据迎来重大机遇。我国农业农村数据历史长、数量大、类型多，但长期存在底数不清、核心数据缺失、数据质量不高、共享开放不足、开发利用不够等问题，无法满足农业农村发展需要。随着农村网络基础设施建设加快和网民人数的快速增长，农业农村数据载体和应用市场的优势逐步显现，特别是移动互联网、云计算、大数据、物联网等新一代信息技术的快速发展，各种类型的海量数据快速形成，发展农业农村大数据具备良好基础和现实条件，为解决我国农业农村大数据发展面临的困难和问题提供了有效途径。

二、建立农业大数据的应用基础

按照我国的国情和现实需要，预计在未来 5 至 10 年内，实现农业数据的有序共享开放，初步完成农业数据化改造。到 2017 年底前，省级农业行政主管部门数据共享的范围边界和使用方式基本明确，跨部门、跨区域数据资源共享共用格局基本形成。到 2018 年底前，实现"金农工程"信息系统与中央政府其他相关信息系统通过统一平台进行数据共享和交换。到 2020 年底前，逐步实现农业部和省级农业行政主管部门数据向社会开放，实现农业农村历史资料的数据化、数据采集的自动化、数据使用的智能化、数据共享的便捷化。到 2025 年，实现农业产业链、价值链、供应链的连通，大幅提升农业生产智能化、经营网络化、管理高效化、服务便捷化的能力和水平，全面建成全球农业数据调查分析系统。

要利用大数据，首先要建设国家农业数据中心。以建设全球农业数据调查分析系统为抓手，推进国家农业数据中心云化升级，建设国家农业数据云平台。在此基础上整合构建国家涉农大数据中心。国家农业数据中心由 1 个中央平台，种植、畜牧和渔业等产业数据，国际农业、全球遥感、质量安全、科技教育、设施装备、农业要素、资源环境、防灾减灾、疫病防控等数据资源及各省、自治区、直辖市农业数据分中心共同组成，集成农业部各类数据和涉农部门数据。

推进数据共享开放，也是大数据建设的重要目标之一。整合农业部数据资源，统一数据管理，实现数据共享。农业部各类统计报表、各类数据调查样本和调查结果、通过遥感等现代信息技术手段获取的数据、各类政府网站形成的文件资料、政府购买的商业性数据等在国家农业数据中心平台共享共用。通过项目资金安排带动数据资源整合，除国家规定保密的数据外，对不共享、不按规定开放数据的，严格控制安排相关项目资金。通过内部整合和外部交换，逐步推进部内司局之间、涉农部门之间、中央与地方之间数据共建共享。编制农业农村大数据资源开放目录清单，制订数据开放计划，推动各地区、各领域涉农数据逐步向社会开放，做到数据应开放尽开放，提高开放数据的可利用性。

要发挥各类数据的功能，就必须巩固和提升现有监测统计渠道，健全基点县和样本名录，完善村县数据采集体系，开展对历史数据的清洗和校准，系统梳理农产品生产、消费、库存、贸易、价格、成本收益"六大核心数据"，建立重要农产品供需平衡表制度。拓展物联网数据采集渠道，加强和利用遥感、传感器、智能终端等技术装备，实时采集农业资源环境、生产过程、加工流通等数据，支撑农业精准化生产和销售。开辟互联网数据采集渠道，开展互联网数据挖掘，对现有文献资料进行数据化改造，推进农业生产经营管理服务在线化。

同时要完善农业数据标准体系，构建涵盖涉农产品、资源要素、产品交易、农业技术、政府管理等内容在内的数据指标、样本标准、采集方法、分析模型、发布制度等标准体系。开展农业部门数据开放、指标口径、分类目录、交换接口、访问接口、数据质量、数据交易、技术产品、安全保密等关键共性标准的制定和实施。构建互联网涉农数据开发利用的标准体系。

按照信息安全与信息化项目建设同步规划、同步建设、同步运维的要求，完善大数据平台管理制度规范，建立集中统一的安全管理体系和运维体系，加强病毒防范、漏洞管理、入侵防范、信息加密、访问控制等安全防护措施。健全应急处置预案，科学布局建设灾备中心，严格落实信息安全等级保护、风险评估等网络安全制度，明确数据采集、传输、存储、使用、开放等各环节网络安全保障的范围边界、责任主体和具体要求。

三、农村大数据发展应用的重点领域

（一）支撑农业生产智能化。运用地面观测、传感器、遥感和地理信息技术等，加强农业生产环境、生产设施和动植物本体感知数据的采集、汇聚和关联分析，完善农业生产进度智能监测体系，加强农情、植保、耕肥、农药、饲料、疫苗、农机作业等相关数据实时监测与分析，提高农业生产管理、指挥调度等数据支撑能力。推进物联网技术在种植、畜牧和渔业生产中的应用，形成农业物联网大数据。发展农机应用大数据，加强农机配置优化、工况检测、作业计量等数据获取，提高农机作业质量的远程监控能力，提高对作物种植面积、生产进度、农产品产量的关联监测能力。

（二）实施农业资源环境精准监测。建立与气象、水利、国土、环保等部门数据共享机制，构建农业资源环境本底数据库。建立农业生物资源、农产品产地环境以及农业面源污染等长期定点、定位监测制度，完善监测评价指标体系，为"一控两减三基本"行动的实施提供数据支撑。开展耕地、草原、林地、水利设施、水资源等数据在线采集，构建国家农林资源环境大数据实时监测网络。逐步公开农业资源环境数据，支持企业开发节水、节肥、节药、农业气象预报等数据产品。

（三）开展农业自然灾害预测预报。完善干旱、洪涝、冷害、台风等农业重大自然灾害和草原火灾监测技术手段，加强数据实时采集获取能力建设，提高应急响应水平。整理挖掘自然灾害历史数据，加强对灾害发生趋势的研判和预测，掌握灾变规律，强化实时监测与预警，把握最佳防控时机，有效预防和最大限度降低灾害损失。建立农业灾害基础数据库，组织专家团队构建预测模型，开展农业灾害与农业生产数据的关联分析，定期发布灾情预警和防灾减灾措施。

（四）强化动物疫病和植物病虫害监测预警。建立健全国家动物疫病和植物病虫害信息数据库体系、全国重大动物疫病和植物病虫害防控指挥调度系统，提升监测预警、预防控制、应急处置和决策指挥的信息化水平。健全覆盖全国重点区域的农作物病虫疫情田间监测网点、农药安全风险监测网点、动物疫病风险监测网点、动物及动物产品移动风险监测网点、兽药风险监测网点、屠宰环节质量安全监测网点和重点牧区草原鼠虫害监测网点，提高动物疫病和植物病虫害监测预报的系统性、科学性、准确性。

（五）实现农产品质量安全全程追溯。加快建设国家农产品质量安全追溯管理信息平台，建立健全制度规范和技术标准，加强与相关部门的数据对接，实现生产、收购、贮藏、运输等环节的追溯管理，建立质量追溯、执法监管、检验检测等数据共享机制，推进数据实现自动化采集、网络化传输、标准化处理和可视化运用，实现追溯信息可查询、来源可追溯、去向可跟踪、责任可追究。推进实现农药、兽药、饲料和饲料添加剂、肥料等重要生产资料信息可追溯，为农产品监管机构、检验检测认证机构、生产经营主体和社会公众提供全程信息服务。

（六）实现农作物种业全产业链信息查询可追溯。建立农作物种业大数据信息系统，整合部、省、市、县种业科研、品种管理、种子生产经营、市场供需各环节信息数据，实现新品种保护、品种审定、品种登记、引种备案、种子生产经营许可备案网上申请，种子供求、市场价格、市场监管等信息公开和查询，统一市场种子标签规范，实现从品种选育到种子零售的全程可追溯，为农民选购放心种和农业部门依法治种提供信息服务。

（七）强化农产品产销信息监测预警数据支持。在巩固原有数据采集基础上，开展电子商务、期货交易、电子拍卖、批发市场电子结算等数据的监测分析，加强农产品加工数据采集体系建设，加大消费端数据采集力度，建立覆盖全产业链的数据监测体系，促进农产品产销精准对接。加强全球农业数据调查分析，研发重要农产品供需预测模型，组建跨部门跨行业农业大数据分析团队，开展综合会商，提升分析预警和调控能力。完善农业展望工作制度和涉农数据发布制度，打造权威的农产品产销数据发布窗口。

（八）服务农业经营体制机制创新。开展农村集体经济和农村合作经济发展情况监测，建立健全示范性家庭农（林）场、合作社示范社和重点龙头企业名录，完善现代农业经营方式综合评价制度。加强农村集体资金资产资源信息化管理，加快农村集体资产监管数据库建设。加强对农民收入、农村土地经营权流转、农村集体产权交易、农民负担、新型农业经营主体发展等情况的统计监测，强化相关数据的采集、存储和关联分析，强化对工商资本租赁经营农户承包地情况的监管。建立全国农村土地承包经营权确权登记颁证数据库，并与不动产登记信息管理基础平台衔接，推进数据互联互通和共建共享。发展农垦经济大数据，加强农垦土地资源、农业生产信息、农业生产社会化服务和农垦农产品质量安全数据监测。

（九）推进农业科技创新数据资源共享。整合农业科教系统数据资源，推动农业科研数据共享，促进农业科研联合和协作攻关。建立国家农业科技服务云平台，加快国家农业科技大数据建设，集聚农业科教系统各方力量，形成农业科技创新、成果转化、农技推广、新型职业农民培育等领域的数据共享机制。建设育种大数据，实现对农作物表型数据和基因测序数据的长期观测和积累，开展大数据关联分析，加速作物优良品种选育的过程。

（十）满足农户生产经营的个性化需求。加快推进信息进村入户工作，增强村级站数据采集和信息发布功能。建立健全面向农业农村的综合信息服务体系，提升 12316 平台用户体验和服务质量，为农民生产生活提供综合、高效、便捷的农业农村综合信息服务。探索商业化经营模式，鼓励各类经营性农业信息服务组织开发基于 APP 应用的农业大数据信息服务产品，提高农民使用智能手机的能力，为农民提供精准化、个性化信息服务。

（十一）促进农业管理高效透明。推动农业部门政府数据开放共享，加强农业部门政务数据资源与涉农部门数据、社会数据、互联网数据等的关联分析和融合利用，完善"用数据说话、用数据管理、用数据决策、用数据创新"的机制，提高农业宏观调控的科学性、预见性和有效性。运用大数据推动行政审批流程优化，加快在线审批进程，提高行政审批效率。加强和改进市场监管，构建大数据监管模型，加强事中事后监管和服务，推动政府治理精准化。

第二节　发展"互联网＋农业"新模式

　　"互联网＋"是创新2.0下的互联网发展的新业态，是知识社会创新2.0推动下的互联网形态演进及其催生的经济社会发展新形态。"互联网＋"是互联网思维的进一步实践成果，推动经济形态不断地发生演变，从而带动社会经济实体的生命力，为改革、创新、发展提供广阔的网络平台。

　　简单讲，"互联网＋"就是"互联网＋各个传统行业"。但这并不是简单的两者相加，而是利用信息通信技术以及互联网平台，让互联网与传统行业进行深度融合，创造新的发展生态。它代表一种新的社会形态，即充分发挥互联网在社会资源配置中的优化和集成作用，将互联网的创新成果深度融合于经济、社会各领域之中，提升全社会的创新力和生产力，形成更广泛的以互联网为基础设施和实现工具的经济发展新形态。

　　"互联网＋"真正难以改造的，是那些非常传统的行业，其中也包括农业。但这不意味着传统行业不做互联网化的尝试。很多传统的农业企业乃至种植业、养殖业等，都在过去几年就开始尝试营销的互联网化，多是借助B2B、B2C等电商平台来实现网络渠道的扩建。更多的线下企业还停留在信息推广与宣传的阶段，甚至不会、不敢或者不能尝试网络交易方面的营销，因为他们找不到合适的方案，来解决线下渠道与线上渠道的冲突问题。也有一些农业企业和农业产品，通过电商平台销售经营，已经摸索出了一条电商之路。

"互联网＋农业"于农户和消费者，增进了互联互动。种子是否健康、施肥是否适量、采摘是否科学……消费者通过互联网与农户沟通，质量靠得住的农产品能够得到更快、更广的传播推广，用户安心又放心，农户省时又省力，实现了互利共赢。

"互联网＋农业"于农企，是重大的发展机遇。互联网的存在让农企根据销售来组织生产，相当于对产业链全要素进行重组，这让"靠天吃饭"的农企最大限度地降低了产品销售风险。互联网的开放、快速、传播特性，则将倒逼着农企更加注重品牌、特色，挖掘文化内涵，树立起农业"百年老店"的形象。

当然，互联网＋农业改变的，远不止这几方。只有产业链上下左右联动，才能实现信息和资源的无缝对接，形成共融共通的生动局面。

当前我国农业的产业链系统效率比较低下，农业现代化程度依然很低，产业链面临"内忧外患"。概况起来看，围绕农业生产，整个农业产业链系统包括农资供应、农业金融、农业生产以及农产品的流通加工消费等环节，物质流、资金流以及信息流也贯穿其中。

"互联网＋"将重塑农业产业链的各个环节。

（1）"互联网＋"切入农资市场，将从农资生产、流通、营销、服务各方面影响农业生产中的农资供应，进而变革农资生产商和农户之间的关系。

（2）"互联网＋"将大幅推动智慧农业的进程。互联网将通过精确农业、农业物联网、互联网云服务、大数据分析等来实现农业生产技术问题、农业规模化难以推进问题、农产品质量安全问题以及产品价值实现问题等的改造。

（3）农业互联网时代将从"空间、时间、成本、安全、个性化"五个角度全面改变农产品消费市场，增强农产品消费者的客户体验和客户黏性。

（4）农业龙头企业有着全产业链中最为丰富的信息，借助互联网，可以建立起以农业龙头企业为核心的农业互联网金融平台，为全产业上下游提供金融的投融资、网上支付等服务；农业互联网金融将贯穿于农资销售和购买、农业生产全过程、农产品销售过程的每个环节。

农业互联网生态圈，是一张大网畅通各方。"互联网＋"对农业的重构，就是通过信息流打通各个环节，形成一个完善的农业互联网生态圈。这里的信息，极度开放和对称。此时，农业互联网平台成了产业链的核心，融通了整个产业链的物质、资金和信息流，使得整个产业链共生、共赢、互利。

产品的附加值一直是国内农业发展中的痼疾，而农业企业多数都被成本与管理压得抬不起头来，很少有资源和能力去探索品牌化的成长道路。不过，随着互联网向农业领域的延伸，这些问题都开始得到解决，也出现了如褚橙、潘苹果、柳桃这样的高端农产品品牌，还有三只松鼠、獐子岛等果品海鲜电商品牌。更重要的是，一批有实力的互联网企业也大力布局农业，比如网易、联想等等，他们是既有钱又有想法的互联网巨头。

以联想为例，资料显示，联想控股于 2010 年开始涉足现代农业投资领域，并于 2010 年 7 月正式成立农业投资事业部，2012 年 8 月 9 日佳沃集团正式成立。公司当前聚焦于水果、茶叶等细分领域进行投资，"佳沃"蓝莓每公斤定价超过 500 元。目前，佳沃已经成为国内最大的蓝莓全产业链企业和最大的猕猴桃种植企业。

联想目前采取的方式未来肯定是很多互联网公司的道路，通过资本注入和品牌塑造，互联网企业与农产品结合起来，走上农业产业化的新道路。不过，这样的道路也许只适合大型的互联网公司，特别是屈指可数的这些国内 IT 业巨头，而且风险系数很高，需要有足够的抗风险能力和渠道布局水平，否则易功亏一篑。

互联网技术让农产品实现从"田间"到"餐桌"的全程透明化，让农业公司从中看到广阔的"钱景"。比如，一些农业大棚通过物联网实时监测，应用大数据进行分析和预测，就能够实现精准农业，能够降低单位成本，提高单位产量。与此同时，还可以将大棚种植与农业体验经济结合，推出类似偷菜一样的采摘体验，如果再将社区经济和社交应用结合起来，必然具有很好的未来前景。

互联网本质上属于一种渠道，传统企业可以借助这种渠道将原来难以组织的农村渠道组织起来，充分发挥互动性和高效率，这将让很多传统的涉农企业受益。

比如，新希望是国内最大的农牧企业之一，2015 年 1 月 29 日，公司同南方希望、北京首望共同出资设立慧农科技，将做强农业互联网金融上升为企业的未来战略之一。公司在已有的养殖担保和普惠担保金融创新模式基础上，挖掘和整合各渠道资源，打造千企万家互联互通的农村金融服务网络，未来将业务延伸至农资服务需求、农村消费需求等。公司推出的福达计划立志打造智能服务体系，目前一期已经覆盖 3.9 万客户，在掌握相关养殖场位置、栏舍状况、养殖状况、成本、营销服务情况等基础数据的基础上，为公司提供针对性的营销服务。公司即将开展的福达二期，将为养殖户提供针对性的技术服务，提升养殖户的养殖效率，打造智能化营销服务体系。

电子商务企业在农村的发展是互联网＋农业的重要内容，但如何将农产品卖出去让农民增收一直是难以解决的大问题，谁率先找到出路谁就能获得农民的喜爱。

从全国来看，中国移动很早就开始的农信通借助运营商的渠道曾取得不错的市场结果，中国电信的信息化农村建设也在很多地方获得农民的欢迎。现在，各种各样的农村网站也在兴起，全国涉农的网站已经超过了3000个，村村乐、万村网、三农网、新农网、村村通网等逐渐形成了自己的核心资源。

很多城市人对村村乐这样的网站都并不关注，可在广大农村市场却已经扎下了根，并被戏称为全国最大的刷墙公司。农村营销最主要的资源，可以说是村官、能人和小卖部，而这些资源也构成了农村信息网站争夺的最核心资源。

据报道，村村乐的模式是，先招募20余万网络村官、能人，然后利用农村的骨干力量在线下做农村市场的推进。推广模式主要是进行路演巡展、电影下乡、文化下乡，占据村委广播、农家店、农村旅游、农村供求等主根据地，甚至还会提供农村贷款与农村保险理财。村村乐还整合农村的1万余家小卖部，通过为小卖部提供免费Wi-Fi和在电脑上安装一套管理系统，收集数据，几乎就等于进驻了1万个乡村，农村包围城市战略取得了初步成功。

农村市场非常广阔而分散，需要长期的扎实的工作来稳步推进，而且，农村市场的渠道具有很强的排他性，谁先站住了就会拥有先发优势，后来者的成本会很高，所以，拥有互联网上的农村渠道网络资源，就等于掌握了农村互联网发展的关键点，未来可以大展拳脚。

我国农业生产的不断规模化，为农业现代化打下基础。同时我们又身处"互联网+"的全新时代。农业现代化和"互联网+"不期而遇。现代农业是"互联网+"的生存土壤，"互联网+"会使现代农业更加精彩纷呈。

第三节 "一带一路"战略与农村再振兴

　　"一带一路",即"丝绸之路经济带"和"21世纪海上丝绸之路"。它将充分依靠中国与有关国家既有的双多边机制,借助既有的、行之有效的区域合作平台。"一带一路"战略,是目前中国最高的国家级顶层战略。

　　"一带一路"的内容,就是发挥新疆独特的区位优势和向西开放重要窗口的作用,深化与中亚、南亚、西亚等国家交流合作,形成丝绸之路经济带上重要的交通枢纽、商贸物流和文化科教中心,打造丝绸之路经济带核心区。同时,利用长三角、珠三角、海峡西岸、环渤海等经济区开放程度高、经济实力强、辐射带动作用大的优势,加快推进中国(上海)自由贸易试验区建设,支持福建建设21世纪海上丝绸之路核心区。充分发挥深圳前海、广州南沙、珠海横琴、福建平潭等开放合作区作用,深化与港澳台合作,打造粤港澳大湾区。

　　截至2015年底,我国与"一带一路"相关国家贸易额约占进出口总额的1/4,投资建设了50多个境外经贸合作区,承包工程项目突破3000个。2015年,我国企业共对"一带一路"相关的49个国家进行了直接投资,投资额同比增长18.2%。2015年,我国承接"一带一路"相关国家服务外包合同金额178.3亿美元,执行金额121.5亿美元,同比分别增长 42.6% 和 23.4%。

"一带一路"倡议,为我国拓展经济疆界和利益疆界提供了有效载体,为我国具有优势的产业拓展周边和地区分工体系提供了有效平台,为我国有效解决粮食安全问题提供了可行的途径。其中,农业合作成为上述战略的重要内涵。

农业成为重点产业合作领域。目前我国已与"一带一路"沿线的大部分国家,都签署了双边农业合作协议。上述协议可望成为推动我国与丝路沿线国家农业合作规划的重要法律工具,有效推动我国与相关国家在农林牧渔业、农机、农产品生产加工、海水养殖、远洋渔业、水产品加工等领域的合作。

"一带一路"沿线 60 多个国家拥有不同的农业资源禀赋,发展农业走势强劲,我国与之开展农业合作互补性强。从产业层面看,我国通过"一带一路"建设,可望相机推进市场合作、农业要素合作、农业技术合作、企业合作、农业科技研发合作、农业发展投融资合作。从政策层面看,我国与沿线国家推进互利合作可望产生下列溢出效应:

其一,带动种子、动保、农技服务、农机等产品和技术出口。

其二,带动农村富余劳动力国际转移。

其三,带动与农副业相关的加工业发展。

其四,带动当地经济发展。

其五,尽快形成早期收获,形成示范效应,凝聚合作民心。

其六,带动伙伴国家小城镇建设,扩大当地民众就业,协助解决当地民生问题,展示双边合作惠民效益,促进民心相通。

新中国成立以来,我国在农林牧副渔各业均取得了全面发展,已探索并建立起相对成熟的农业发展模式,已在农业机械制造领域形成明显的比较优势,并已在农业技术推广、农副产品营销和储藏等领域形成一整套管理经验。具体而言，我国在水稻栽培技术领域实现了历史性突破，上述技术在丝路沿线相关国家推广后，可望极大地提升单位面积粮食产量。经过改革开放的洗礼，我国已经形成了一大批专业化农业企业，他们可望构成参与丝路沿线农业合作的主力军。更为重要的是，我国已经形成和积累了雄厚的资本，并已形成了强大的投融资能力，因而可望为上述双边和多边农业合作提供投融资服务。进而言之，我国和丝路沿线国家同属发展中国家，双方农业在市场需求、产业特点、技术集成等方面各有优势。有关各方可望在协商一致的基础上，开展农业科技合作和人员交流，在沿线国家建设农业科技合作示范园区，开展水稻种植、旱作农业、蔬菜园艺、水产养殖等领域试验示范，推动合作国相关产业发展提质增效等等。

"一带一路"沿线国家发展农业的需求，非常旺盛。工业现代化和经济全球化造就了美欧日等发达国家。已经处于后工业化阶段的上述国家受国内政治利益驱使，为争取农业工人的选票，纷纷利用高关税、高补贴对本国农业实施战略性保护，保护本国市场，促进农副产品出口。进而使得包括丝路沿线国家在内的发展中国家，纷纷陷入农业发展"洼地"，无法通过农副业产品出口获得应有的经济效益，进而拖累了相关国家的工业化进程。

为此，丝路沿线国家政府纷纷制定了以农业发展为基础的民族经济振兴规划，实施工业与农业双轮驱动发展战略，并纷纷将中国锁定为合作对象。上述为"一带一路"倡议推进农业合作提供了历史性机遇。

随着人民生活水平不断提高，以及工业化和城市化进程不断加快，我国对国际市场农副产品的消费量越来越大。而"一带一路"的沿线国家，水资源和土地资源比较丰富。据中信证券统计，"一带一路"沿线超过 40 个国家适合农业合作，多数国家区域生态环境、土地耕地条件和产业环境与国内相似，市场空间巨大。虽然农业生产效率与我国存在差异，但在农林牧副渔领域的合作市场潜力巨大。其中，种植业可望形成 5000 余亿元的收益，养殖业领域合作的市场空间至少在 2000 亿元的收益，农副产品贸易可望产生同样诱人的利益。

经过将近 40 年的改革开放洗礼，我国农业实现了跨越式发展，率先实现了联合国千年发展目标，提前进入中高收入国家行列。然而，以家庭为单位的家庭承包经营发展模式无以为继，以单一的农业种植为主导的农业增长模式无以为继，以粗放式经营为主体的农业耕作模式无以为继，以粮食产量为主导的农业政策无以为继，以本国市场为主导推进农业发展的道路无以为继，以单一的粮食进出口为主导的农业合作模式无以为继，以单纯的发展援助为主导的农业合作模式无以为继。与此同时，依据"一带一路"倡议总体规划，我国在与丝路沿线国家推进农业合作发展之际，势必将面临诸如东道国政局变动因素、东道国政策制约因素、劳资纠纷解决耗时费工因素、土地征用风险因素、不同的文化背景冲突因素等的系列挑战。

在"一带一路"倡议框架下推进农业合作，是一项利在当代、功在千秋的系统工程。其间，政府相关部门、各省、市、自治区和企业各界必须依据中央统一部署，紧紧跟踪国内国际农业发展大局，加快开发国内国外两个市场，用足用好国内国外两个资源，发挥国内国外合作伙伴的积极性，发挥政府和市场两只手的作用，用足用好国内国外两个智慧，加快构建与全面建成小康社会相适应的粮食供应链，谋划我国粮食安全保障。战略上，要做好战略规划；策略上，制定好产业政策，扶持企业做大、做强，打造中国特色农业开发跨国公司群体；在市场进入上要选准切入点，选择好市场进入渠道，选择好合作伙伴，安排好合作项目，统筹好合作进程；在企业经营规模上稳扎稳打；在合作方式上要符合各自长远利益；在企业操作上要紧跟国际发展战略，领会相关政策精神，符合国际惯例，既要有短期计划，又要有长期规划，有效实现合作开发预期利益。

"一带一路"倡议提出以来，得到了沿线大部分国家的积极响应，并与部分国家，如哈萨克斯坦、塔吉克斯坦、卡塔尔等签署了共建"一带一路"合作备忘录。国家领导人出访期间多次与有关国家元首和政府首脑进行会晤，深入阐释"一带一路"的深刻内涵和积极意义，达成了广泛共识。"政策沟通"将引领构建多层次政府间政策交流机制和联动机制，为农业"走出去"营造良好的投资氛围和舆论环境。

"一带一路"沿线国家多属于发展中国家，公路、铁路、港口以及农田水利设施落后，已成为制约我国农业"走出去"的瓶颈因素。基础设施互联互通是"一带一路"建设的优先领域，将为大型农业投资项目提供优良的投资基础，逐步形成连接亚洲各区域以及亚非欧之间交通运输网络，为农产品贸易降低物流成本，也为企业实现全球化营销，打造跨国型农业企业提供基础条件。

数据显示：2014 年，中国与"一带一路"沿线国家的农产品进口总额为 228.39 亿美元，占中国农产品进口总额的 18.80%；农产品出口总额为 210.32 亿美元，占中国农产品出口总额的 29.48%。

中国西南地区，四川、重庆、贵州、云南四省市，在目前农业资源严重超载，环境代价高昂的情况下，粮食缺口仍然达到 2500 多万吨。如果"一带一路"推动形成区域一体化农产品市场，可以将中国西南地区与中南半岛的农产品市场对接起来，建立新型粮食保障体系，西南地区则可推出超载的耕地资源，真正实现其农业的可持续发展。中南半岛可以利用西南地区的农产品市场，推动其现代农业发展。

"一带一路"建设将形成一个开放、包容、普惠的区域经济合作构架和协作平台。由此,"一带一路"建设将为中国农业全球战略提供支撑,服务于中国保障粮食安全和重要农产品供给的总体战略。初步判断,"一带一路"建设对农业的影响主要有以下几点。

一是资源互补。即有利于实现中国与周边国家农业资源的互补。通过实施新型国际农业合作战略,充分发挥相关国家农业资源丰富的优势,支持有关国家,特别是发展中国家提高农业科技水平、改善农田水利设施,提高农业综合生产能力,不仅有利于解决其粮食安全保障和农民增收问题,还能够扩大其农产品出口,增加全球供给,对我国进口有利。

二是产能合作。促进中国与相关国家农业食品产业的产能合作。目前有人担心农产品进口过度对国内市场有较大冲击。如果通过农业食品的国际产能合作,把国内农业食品产业的价值链,通过投资、合作等方式延伸到境外,形成覆盖"一带一路"区域的农业供应链,这不仅有利于沿线国家农业食品产业的发展和经济增长,也对促进国内农业食品产业转型升级、建立全球价值链有利。

三是市场互惠。在"一带一路"倡导的区域合作框架下,如果能够逐步建成高水平的自贸区网络,将推动形成公平、合理安全、稳定的区域农产品市场体系,使沿线各国家能平等、安全分享各国经济发展、农产品市场增长带来的利益。

四是发展共赢。"一带一路"建设将促进中国与沿线国家农业共同受益、共同发展。例如,目前我国粮食进口主要来自北美南美,从周边、沿线国家进口相对较少。但是,实际上,周边国家农业资源丰富、发展潜力巨大。

落实"一带一路"战略,主要有三条渠道:

第一,要千方百计推动农业企业"走出去"。一方面要加快构建农业企业抱团"走出去"合作平台,另一方面积极组织农业企业"走出去"

开拓投资贸易市场。

第二,要想方设法把农产品"卖出去"。因此,紧紧抓住"一带一路"建设的重大机遇,打造丝绸之路的自有品牌和拳头产品,疏通制约出口的藩篱束缚。

第三,要下大力气把农业优质资源"引进来"。着力引进一批领军企业和优秀人才,注重引进农业种质资源,注重引进先进农业技术。

第四节　借鉴国外的成功经验

中国农科院曲春红课题组研究发现，"十三五"期间全球大部分农作物单产和总产仍将持续增长，但受耕地、水资源约束和气候异常等因素影响，增速有减缓趋势。全球小麦、大米和粗粮供需基本平衡，但区域差异十分明显，地区粮食安全问题突出。（引自聘才网 2016 年 1 月 8 日《十三五现代农业发展规划》）

主要农产品价格将持续走弱。农业部贸促中心倪洪兴课题组认为，世界主要农产品价格下降趋势在"十三五"期间或将持续，并最终稳定在 2008 年之前的水平。此外，受全球气候变化、金融资本投机、跨国公司控制农业产业链等非传统因素影响，未来农产品市场面临的波动性和不确定性加剧。（引自聘才网 2016 年 1 月 8 日《十三五现代农业发展规划》）

信息化等高新技术在现代农业中的应用将更加广泛。农业部科技发展中心杨雄年课题组认为，信息化技术将继续渗入农业各个领域，将为我国"十三五"时期农业信息化建设提供宝贵机遇。同时，基因组学、转录组学、基因定向转移、动物克隆等技术正成为新基因争夺和新技术竞争的制高点，"十三五"期间将出现一大批利用转基因、分子设计等现代生物学技术培育出的高产优质多抗高效的作物新品种。（引自聘才

网 2016 年 1 月 8 日《十三五现代农业发展规划》)

发达国家农业支持将偏向更隐蔽的一般性服务和收入补贴。农业部农村经济研究中心彭超课题组认为，发达国家农业政策改革的目标是提高农业的长期竞争力，促进公平和实现农业可持续发展。支持手段也更加隐蔽，生产者补贴呈下降趋势，但对基础研发、基础设施、技术服务、金融保险等一般性服务的支持水平持续上升，对农产品消费者和农民的收入补贴也稳步提高。(引自 2015 年 1 月 24 日《农民日报》)

为此，中国的农业，不仅需要时刻关注国际农产品市场，而且需要研究和借鉴国外农村建设的成功经验。

一、日本新农村建设的经验

日本的经验可以借鉴。在半个世纪多的时间里，日本农村从初期较大的城乡差距，发展到中期的城乡一体化，再到如今的更高层次的追求农村生活魅力、谋求可持续发展，充分展示了日本农村经济社会发展的和谐进程。

从战后至今，日本的农村建设走过了一个长期的探索过程。这个过程并不是预先就策划好的，也没有宏伟目标，而是一个不断学习和探索的结果。日本的山形县金山町是半个世纪以来日本农村村镇建设的一个典型。作为一个国内、国际发展大形势影响下的农村地区，金山町的现代化建设经历了五个阶段，从消灭城乡差距开始，到推进农业生产环境整治，到提升农村生活水准，到着手营造农村景观，再到注重生态环境整治，经过了一个渐进的、长期的过程。这种循序渐进的发展步骤，是现实和形势发展的需要，也是日本国内农村不断学习取经、研究总结、不断实践的结果。

在日本农村地区，市政设施建设与配套都是市场化的，农户主要通过申请向市政管理部门要求配备市政设施。但是，特别对于部分呈散居化的农村地区，管线到户则必然涉及超额的铺设成本，就如在日本农户家看到的那样，仅配套了水、电等基础设施，做饭则使用液化天然气，体现了一种实事求是的态度。

值得称道的则是农村地区的公建基础设施，尤其是污水、固废处置设施非常完备。日本的3000多个市町村地区基本上都配备了相应的污水、固废处置设施。这为农村的环境和生态建设提供了切实保障。

就政策而言，集中反映日本在当前阶段农村建设政策取向的有四类现象。一是在土地放开的基调下日益加强的规划控制政策，主要体现在推行农田整备、围海造田后的统一规划和鼓励住房集中等方面。二是明确的建设投资分工政策。这一点从日本水利事业方面或可窥见一斑。例如富山县常愿寺川国营综合农地防灾事业，总投资150亿日元，由国家财政承担60％的经费，县级政府承担30%，市町村政府承担极小比例。三是严格的自然环境保护政策。日本在农村地区污水、固废处置和封山育林方面的努力和成效与中国国内的现状有着强烈反差。四是鼓励农村居民参与政策。从地区发展规划的制定，到地区环境建设事业的知晓、参与，到一系列地区居民与建设事业的"共建"式活动，充分反映了日本农村地区居民对地区建设事业的影响力，甚至在某种程度上的主导作用。现将有关资料整理简介如下，以供关心我国农村发展的朋友参考：

日本的农业现代化，经历了两个阶段。

第一阶段是1961年到1998年，以农业现代化带动农村发展。二战后，因经营规模狭小、技术进步缓慢，严重阻碍了日本农业劳动生产率的提高和农户收入的增长。随着日本经济的高速发展，农业人口急剧减少，工农和城乡差距日益扩大。于是，为了缩小工农和城乡差距，日本政府从 1961 年开始，颁布了一系列法律，并修订了《农地法》和《农振法》等法律。基本思路就是从产业振兴角度切入，以促进农业发展为主线，来增加农民收入，促进农村发展。

第二阶段是 1999 年以后，农村与农业并行发展。20 世纪 90 年代后，日本农业面临食物自给率明显下降、生产成本高的农产品国际竞争力减弱、农户经营规模小、兼业农户占主体地位、农业劳动力老龄化、山区农村经济衰退等一系列问题的挑战。于是，在旧《农业基本法》的基础上，从 1999 年起，日本又出台了配套法律，并制订了具体的实施计划。主要措施如下：

一是支持山区半山区农民从事农业生产。政府对山区农民的粮食生产给予财政补贴，此外，还对山区农民发放直接收入补贴，以免农民荒废农业生产。

二是大力增加农村基础设施投入，吸引年轻人留在农村和新的农业劳动者进入农村。

三是制定地域性的产业重振计划，推进农村、山村及渔村地区振兴。充分发挥各地的特色，通过自主性及独创性经营理念，以农林水产业为突破口，发挥在地区经济振兴及就业机会创造上的积极作用，建立《农村、山村及渔村重振计划》。

四是设立"农村建设专项费"，支持农村个性化、亲环境型发展。按新颁布的《景观法》，对农村、山村及渔村地区特色自然景观予以重点扶持。创建"田园学校"等环境教育基地。

五是鼓励农村地区发展非农产业。日本政府制定《农村地区引入工业促进法》、《新事业创新促进法》以及《地区中心小城镇建设及产业设施重新布局促进法》，吸引城市工商产业向农村延伸，促进小城镇产业发展。日本大分县从 1979 年开始推行的"一村一品"运动就是成功的实例。

六是建立城市与农村共存及双向交流的机制。通过创建绿色观光事业及体验农村生活等活动，增强城乡国民间双向交流。

长野县南木曾町的妻笼驿站，古时曾经是官道上的驿站之一，车水马龙，繁华一时。但自从公路交通发达之后，妻笼就一蹶不振，人口大量外移。缺乏地方传统产业的妻笼驿站，就像被人遗忘的古董，抖搂不去一层一、层的灰垢。

而妻笼并没有如此一路黯淡下去。近两年，每年都有超过 60 万的观光客涌入妻笼，带来为数可观的观光收入，到底是什么缘故？

原因其实很简单，过去 30 年，妻笼居民致力于维护旧有驿站景观，成功地把妻笼变成充满历史风情的观光据点。这个活动团体日后还扩大发展为"驿站资料保存会"。不过，当初发起并不顺利，许多人怀疑用这种不合流行的方式，是否真的能够为衰颓中的妻笼带来生机，但后来证明是成功的。更使得"妻笼模式"的造町（村、里）方法，成为日本全国各地争相仿效的对象，每年的观光客人数也不断直线上升。

观光客的大量涌入，不但没有破坏笼站景观，反而更刺激居民对保存文化遗产的行动。现在，当地居民仍然尊重以前订立的"妻笼驿站居民宪章"，不兴建可以接纳大批旅行团住宿用餐的设施，以保存原有的街道风貌。

二、韩国新农村建设的经验

韩国是在二战后，从日本殖民统治下获得解放并宣告独立的。当时韩国的国民经济以农业为主，生产严重倒退，物资匮乏、粮食供应紧张、失业和通货膨胀严重，被列为最贫穷的国家之一。然而，在 20 世纪 60

年代后的 30 年内，韩国不仅成功摆脱了朝鲜战争的影响，且一直保持着世界经济史上罕见的高速增长态势，引起了世界各国的关注，被许多经济学家称为"韩国奇迹"。对此，很多经济学家都认为，20 世纪 50 年代韩国实施的农地改革政策以及 20 世纪 70 年代开始的"新农村运动"使韩国农业在很短的时间内就实现了农业现代化与农村城市化，是韩国实现经济快速增长的最主要原因。

1950 年韩国颁布《土地改革法》，废除旧的租赁关系，将土地直接向耕种者开放，即自耕农的土地限制在 3 町以内（约 45 亩），超过部分由政府购买，再出售给缺少土地的农民。而农民分配到的土地，其租金可以用现金和实物在五年内分期偿还完毕。此外，韩国 20 世纪 70 年代开始的"新农村运动"也对其农业乃至整个国民经济的发展起到了重要的促进作用。

韩国的新农村运动，经历了政府主导农村建设阶段、政府与社会共同发展阶段和农民主导发展阶段。

自 20 世纪 90 年代以来，韩国的农村农业发展主要采取以农民自身为主导力量的发展模式，让农民在新村运动中发挥主力军的作用。政府则主要是通过制定规划，做好协调、服务，并运用财政服务等手段为农民自我表现发展创造良好环境。为了实现由传统农业向现代化农业的转化，政府先后出台了多项政策措施，并提出在坚持国民粮食自给的前提下，大力发展高品位技术农业和出口创汇农业的新农政战略。按照新农政战略，要逐年递增用于农田水利建设、农业机械化等方面的投资，扩大农业长期低息的政策性贷款。为了实现这一战略，仅 1992—2001 年韩国农业投资总额就达到 42 万亿韩元（约 550 亿美元），其中，国家财政拨款占 40% 以上。

通过 30 多年的努力，韩国的"新农村运动"取得了令人瞩目的成果。

农村破旧落后的面貌得到改善，城乡发展的差距大为缩小，韩国国民的整体素质也大幅提高，实现了经济的全面起飞。

韩国农业农村发展的特色与经验，主要有以下几条：

（一）重视改善基础设施，不断推进新农村建设进程。农业基础设施是保障农业健康发展的基础，像美、法等发达国家一样，韩国政府也十分重视加强农业基础设施建设，随着"新农村运动"的不断推进，其农村基础设施建设的重点也不断变化。在农村建设初期，韩国的农业主要集中发展农业灌溉、排水、耕地整理等农业生产设施方面。从20世纪70年代初期开始，韩国政府的新农村建设的重点转移至改善农民的生产和生活环境方面，基础设施建设也转向修建农村公路和桥梁、改善农村的饮水设施、实现农村电气化等方面。

（二）重视促进农民增收，改善农民生活。韩国政府十分重视增加农民的农业和非农业收入。在提高农业收入方面，政府主要采取对农产品进行价格补贴，逐年提高主要农产品的收购价格，以增加农民的卖粮收入。在增加非农业收入方面，政府采取的措施主要有：积极促进农村工业化；对使用当地原料就地生产的农村企业提供各种优惠，促进发展旅游业，开辟就业渠道，增加农民收入；指定小城镇周围区域为农牧渔业村产业地区，供其自由使用，简化开办农工基地的手续，大力开发农工区域，为农民提供非农就业机会。这些政策措施，有效地促进了农业非农产业的收入，改善了农民的生活。

（三）重视发展农协组织。韩国"新农村运动"的巨大成功还得益于农协、尤其是基层农协的贡献。过去，韩国农民因贫困交加而没有储蓄的习惯，但自20世纪70年代以来，越来越多的农民开始到农协金融机构储蓄，而且储蓄额也不断增加。随着农民储蓄额的不断增加，由农协提供的农业生产资金也不断增多，一个基层农协可以对1000多户农民开展业务，农村经济和农民生活因此得到大幅改善和提高，农协的规模又进一步迅速扩展，韩国农业经济在农协的支持下进入了良性循环。

（四）政府应高度重视农业发展，加大对新农村建设的投入力度。农业是属于社会效益大、经济比较效益低，受自然与市场双重约束的弱质性产业。在市场经济条件下，无论是在产品市场竞争或是在经济资源配置竞争中，往往都处于不利的地位。然而，作为国民经济的基础产业，农业对于整个经济社会的全面协调发展又有着极为重要的基础性作用，因此，大多数农业发达国家，在其发展的不同时期，都将农业作为政府支持的重点。在韩国 20 世纪 70 年代开始的"新农村运动"中，韩国政府每年的财政投入，占农业总投入的比重都高达 20% 以上，最高达到 59.2%。

（五）以立法形式，确保新农村建设的稳步推进。很多农业发达国家农业发展的成功经验表明，完善的法律法规是支农政策得以实现、农村建设稳步推进的根本保证。1950 年，韩国政府就颁布了《土地改革法》，废除旧的租赁关系，将土地直接向耕种者开放，即自耕农的土地限制在 3 町以内（约 45 亩），超过部分由政府购买，再出售给缺少土地的农民，而农民分配到的土地，其租金可以用现金和实物在五年内分期偿还完毕。该法规使韩国农民以较低的成本获得了土地，从而为战后韩国农业的复苏奠定了基础。而相比之下，由于缺乏立法约束，中国在支农方面存在着政策多变、方式模糊、对象看人、数额随意等特点，极大地影响了农业的稳定发展。为此，我们应借鉴韩国的先进经验，加快完善与农业农村农民生产和生活密切相关的法律体系，使农业生产经营真正做到有章可循、有法可依，为新农村建设的稳步推进提供法律保障。

（六）高度重视农业科研及推广应用，促进农业可持续发展。世界农业发展史表明，随着国民经济的发展、人民生活的改善以及人口总量的增加，人类对农产品需求的数量和质量都将不断提高，而在耕地供给呈现刚性约束，甚至供给数量日趋递减的情况下，农业可持续发展的根本出路唯有依赖科技水平的提高和成果的推广应用。通过农业科技进步，能使原有的生产要素在质量上有所提高、在组合上更加完善，最终获取比没有科技进步条件下更好的经济效益、社会效益和生态效益。

三、我国农业和农村发展的矛盾和瓶颈

中国人多地少，人均资源占有量低，农业生产资源的约束性较大，唯有科技进步才能突破资源和市场对农业发展的双重约束。然而，长期以来，对农业科研和教育的投入水平偏低，直接导致了中国农业生产力水平落后、农业从业人员素质较低等问题，极大地阻碍了农业的可持续发展。所以，我们必须组织促进农业技术创新，加大对农业科教及农技推广的投入力度，加快农业科技成果的转化，以提高劳动者的素质和农业劳动生产率，增强农业的国际竞争力，促进中国农业集约生产、清洁生产、安全生产和可持续发展。

（一）农产品供需的结构性矛盾突出，需调整优化农业生产结构。我国居民人均大米、小麦等谷物消费从 20 世纪 90 年代后期就开始呈下降趋势，而畜产品、水产品和蔬菜水果等高附加值农产品占食物消费的比例持续快速增长。但是，我国农业生产结构调整滞后于优质化、多样化和专用化的需求结构变化，牛羊肉、奶类、优质高端苹果等高品质产品供需矛盾加剧。"十三五"期间农业结构调整优化的思路是，重点保口粮，统筹兼顾棉油糖、蔬菜等其他农产品生产，充分挖掘饲草料生产潜力，大力发展草牧业，促进粮食主产区的农牧结合、粮经饲兼顾，努力提升大中城市的"菜篮子"产品自给能力。

（二）国内农业支持政策困境初显，应充分发挥收入补贴、保险补贴等"绿箱"政策作用。新时期国内农业政策面临很大困境：一是支持和保护政策导致农产品接近价格"天花板"；二是WTO"黄箱政策"限制使国内农业生产补贴增加的空间受限。"十三五"期间，政府应全面减少对口粮之外的农产品的政策干预，总结我国棉花和大豆差价补贴政策试点的经验，适时推出对糖类、油料、玉米等产品的差价补贴政策。扩大"绿箱"支持，适度增加对农民收入的转移支付支持力度，将部分属于"黄箱政策"的农业补贴转变为"按历史面积补贴"的绿箱补贴；提高农业保险的补贴力度，增加农业保险覆盖的品种范围，逐步探索建立巨灾风险保障机制；增加对环境保护的支持力度，提高农业可持续发展能力。

（三）科技创新能力仍是现代农业发展的瓶颈，须进一步强化科技支撑能力建设。中国人民大学仇焕广课题组认为推进现代农业发展、推进"四化同步"，必须进一步强化科技创新，依靠创新驱动实现农业增产增效。"十三五"期间，应紧紧围绕条件建设、技术创新、集成示范、成果转化四大环节，瞄准关键技术突破、创新机制、创新人才培养、成果转化率提高四大目标，不断加大投入力度，夯实现代农业发展的科技基础。

（四）农业发展面临巨大人才缺口，应加大农村人才培养力度。"十三五"期间，人才将成为制约我国农业发展的关键性因素。一是我国农业产业在世界竞争格局中仍处在产业链的中低端，农业科技人才数量不足，质量有待提高；二是农村大量青壮年劳动力外出务工，农村"空心化"，农村实用型人才"青黄不接"；三是农村基层干部队伍年龄结构老化问题严重。决策部门设计"十三五"农业产业发展及农业项目支持方案时，要将人才培养作为重要内容，促使项目推进与人才培养齐头并进。

（五）农业生产的环境负效应日益突出，要加大对农业资源环境保护和生态建设的支持。农业部农村经济研究中心金书秦课题组认为，我国为了保障国内较高水平的"粮食自给率"，忽视了水土资源利用和环境的可持续性。"十三五"期间，应在促进农业生产的同时，更加注重保护生态环境：一是要推进农业秸秆的综合利用；二是要强化对化肥农药使用的管理，推广实施精准施肥等技术；三是要加强对规模化畜禽养殖粪污排放的管理。通过农业投入品减量和农业废弃物资源化利用相结合的途径促进农业绿色发展。

（六）"十三五"农民增收面临严峻挑战，需加快建立农民持续增收的长效机制。农业部农村经济研究中心张红奎课题组认为，宏观经济步入"新常态"，一是导致农产品需求和出口下降，农业生产需要的劳动力数量减少，加上非农劳动力需求下降，可能导致农村劳动力的失业率上升，农民收入下降；二是政府的财政收入增幅放缓，对农业和农村发展的支持力度下降，对农村社会事业发展和反贫困产生不利影响。"十三五"期间，应加快建立农民持续增收的长效机制。提高农村转移劳动力的劳动生产率，持续较快增加农民工资性收入；创新农业经营体系，持续较快增加农民经营性收入；推进农村产权制度改革，持续较快增加农民财产性收入；加强农村社会保障，持续较快增加农民转移性收入；加大扶贫和救助力度，持续较快增加农村贫困人口收入。

第六章

中国农村的出路和希望

第一节　破解农村发展的难题

一、工业反哺农业，城市反哺农村

工业反哺农业，城市反哺农村，是对工业化发展到一定阶段后工农关系、城乡关系变化特征的一种概括。这里的工业泛指非农业部门和城市，而农业则涵盖"三农"。工业反哺农业，是经济发展到一定阶段的现象。

从国际上看，许多国家在工业化过程中都经历过由农业哺育工业转向工业反哺农业的过程。一般来讲，在工业化发展初期，农业在国民经济中居主导地位，为了创造更多的物质财富，提高整个国民经济发展水平和人民生活水平，需要用农业积累支持工业发展；当工业化发展到一定阶段、工业成为国民经济的主导产业时，要实现工农业协调发展，除

了发挥市场机制的作用，国家还必须加强对农业的扶持和保护，实现由农业哺育工业到工业反哺农业的政策转变。

当工业化、城市化进程加速，国民经济发展到工业对农业反哺期时，如果及时加强农业、反哺农业，整个国民经济就会协调健康发展，顺利实现工业化、现代化；反之，如果继续挖农业、忽视农业，就会出现农业萎缩、贫富差距悬殊、城乡和地区差距扩大，加剧社会矛盾，甚至出现社会动荡和倒退。从工业化发展阶段来看，我国人均 GDP 已超过 1000 美元，农业与非农产业的产值结构大约为 15 ：85，农业与非农产业的就业结构大约为 50 ：50，城镇化水平为 40%。

这四项指标表明，目前我国已进入工业化中期阶段，国民经济的主导产业由农业转变为非农产业，经济增长的动力主要来自非农产业。根据国际经验，这时采取相应措施，以工业反哺农业，是带有普遍性的现象。例如，日本在战前处于以农养工阶段，20 世纪 50 年代末 60 年代初开始转向工业反哺农业阶段。韩国在 20 世纪 60 年代中期以前还从农业部门抽取工业化资本，自 60 年代末开始转向保护农业。

公共财政向"三农"倾斜，实现由农业哺育工业到工业反哺农业的政策转变。其实质是要处理好对农民"取"与"予"的关系，改变农业和农村经济在资源配置与国民收入分配中的不利地位，加大公共财政的支农力度，让公共服务更多地深入农村、惠及农民。

目前，我国已经具备了工业反哺农业、城市支持农村的实力。取消农业税后，不宜急于对农民开征新的税种。农民收入水平低，长期以来负担较重，应给他们一个长期休养生息的机会。

加大对农田水利、乡村道路等小型农村基础设施建设的支持力度。过去，我国财政建设性资金中用于农业大中型工程的比重较大，而与农民生产生活直接相关的农村小型基础设施的投入严重不足。在取消农业税后，应加快改革支农资金管理，整合现有的各种支农资金，统筹使用，优先集中用于解决农村最薄弱、农民最急需的问题。应建立政府补助、农民自主决策的农村社区公共品供给机制。把握好有关政策界限，严格控制标准、严格规范，防止为办公益事业再度出现乱收费、乱摊派现象，重新加重农民负担。更多地采取"以奖代补"方式，鼓励农民积极兴修水利、修建道路、实施中低产田改造工程等。

加大中央和省级财政对农村义务教育的投入，加快实行免费九年制义务教育。义务教育在各国都是公共财政最优先的项目之一。以我国现今的经济发展阶段和国家整体财力状况而论，应该有能力实行免费的农村义务教育。应把在农村普及九年制义务教育、有条件的地区普及高中阶段教育、积极发展农村职业技术教育、建立完善的农村就业培训体系，作为促进农村发展的基础性工作来抓。改善农村医疗条件，提高农民医疗保障水平。

在全国农村基本建立公共卫生服务体系和新型农村合作医疗制度，农民人人享有初级卫生保健，卫生服务水平进一步提高，主要健康指标达到发展中国家的先进水平。实现这一目标，中央和地方政府都应进一步增加对农村公共卫生体系的投入，进一步完善新型农村合作医疗制度和医疗救助制度，切实解决农村居民因病致贫、因病返贫的问题。完善对农村困难群体的救助体系，逐步扩大农村社会保障覆盖面。

推进城乡发展一体化，让农村农民共享改革发展成果，是实现国家现代化的重要标志。发达国家的历史经验表明，工业化、城镇化，是农业现代化发展到一定阶段的客观要求和必然产物。改革开放以来，我们国家率先推进农村改革，农村面貌发生巨大变化。我们必须立足国情，破解城乡二元结构，把着力点放在建立城乡融合的体制机制上，形成以工促农、以城带乡、工农互惠、城乡一体的新型工农城乡关系，具体目标是逐步实现城乡居民基本权益平等化、城乡公共服务均等化、城乡居民收入均衡化、城乡要素配置合理化，以及城乡产业发展融合化。

当前的我国经济实力和综合国力显著增强，具备了支撑城乡发展一体化的物质技术条件，到了工业反哺农业、城市支持农村的发展阶段。顺应我国发展的新特征新要求，必须加强发挥制度优势，加强体制机制建设，把工业反哺农业、城市支持农村作为一项长期坚持的方针，坚持和完善实践证明行之有效的强农惠农富农政策，动员社会各方面力量加大对"三农"的支持力度。只有这样，才能缩小城乡差别，逐步实现城乡发展一体化的新格局。

二、放低城市的台阶，放开农村的房价

根据《国家新型城镇化规划（2014-2020年）》预测，2020年户籍人口城镇化率将达到45%左右。按2013年户籍人口城镇化率35.9%计算，年均提高1.3个百分点，年均需转户1600多万人。现在，按照常住人口计算，我国城镇化率已经接近55%，城镇常住人口达到7.5亿。问题是这7.5亿人口中包括2.5亿的以农民工为主体的外来常住人口，他们在城镇还不能平等享受教育、就业服务、社会保障、医疗、保障性住房等方面的公共服务，带来一些复杂的经济社会问题。

实现1亿人在城镇落户，有非常重大的意义。从供给看，在劳动年龄人口总量减少的情况下，对稳定劳动力供给和工资成本、培育现代产业工人队伍具有重要意义。从需求看，对扩大消费需求、稳定房地产市场、扩大城镇基础设施和公共服务设施投资具有重要意义。实现这个目标，既有利于稳定经济增长，也有利于促进社会公平正义与和谐稳定，是全面小康社会惠及更多人口的内在要求。这就要求加大户籍制度改革

措施落实力度，加快完善相关配套政策，确保这一目标实现。

有专家指出，农村人进城，不只是户口问题。所谓的有能力在城镇稳定就业和生活的农业转移人口，主要包含两类人群，第一种就是已经在城市就业的农村人口，虽然他们的户口还未转成城镇户口，但实际上长期生活在城市，所从事的是第三产业和第二产业。但由于未转移身份，是处于流动状态。第二种就是这些人的孩子，他们长期生活在城市，但没有城市户口。由于宅基地、承包土地等各种原因，他们制约了人口城市化的发展进程。

农民进城，可以把土地利益货币化带到城市里，让其流转起来，就可以真正变成城市人口。至于有偿转让，可以是通过某种形式进行入股，或者让别人经营，自己获利。这样才能让户口真正回归就是一个人口登记的本质。

减少农村人口，是实现城乡一体化的必经之路，也是发达国家的基本经验。中国要实现强国之梦，不是城市的发达，而是农村的发达。解决不好"三农"的问题，改革开放就不算成功。城市化的标志，就是让大批的农民变成市民，由此我想起了城市的房价和农村的房价。

如今很多的城市人在惊叹和抱怨房价上涨过快的同时，也在暗自庆幸，自家那套老房子，转眼之间价格就翻了几番。很多拥有一套房子的市民，摇身一变就成了"百万富翁"。还有一些聪明的城里人，几年前从银行贷款，买了第二套或三套房子，现在再卖出去，就成了"二百万富翁"和"三百万富翁"。

城市的房价为什么会像洪水一样暴涨？一个很重要的原因，就是很多农村人也想成为城里人。农村的孩子长大了，其父母最大的愿望，就是盼其考个好大学，找个好工作，选个好对象，留在城里，住在城里，扎根城里。以便今后自己老了，也投奔儿女，到城里享福去。让越来越多的农民变成市民，也是我们国家的大政方针。因为城市化水平是衡量一个国家发展程度的数量指标，也是全面建设小康社会的综合反映。

但农民和农民的子女进城的最大障碍之一，就是房子。城里人有财产，农村人也有财产，但并不是每一份财产，都能够带来"财产性收入"。相反，城市的房子随着城市人口的增加大幅度升值的同时，农村的房子却在随着农村人口的减少而大幅度贬值。

《中国青年报》有一份调查，题目是"你正在为什么而奋斗"。在9488名填答者中，84.3%的人确认自己"正在奋斗"。其中回答"为房子和车子"奋斗的占53.5%，为"更理想的生活"奋斗的占44%，为"成为有钱人"奋斗的占43.7%。

每个人都有追求美好生活的权利，但自己的奋斗离不开社会的土壤。没有公平的舞台，就难有个人的发展，没有国家的兴旺，就没有个人的小康。

前不久召开的中央经济工作会议明确提出，2016年经济工作要点之一，就是要化解房地产库存，通过加快农民工市民化，扩大有效需求，稳定房地产市场。有关数据显示，目前全国的农民工总量2.74亿人，其中，外出农民工1.68亿人。在这1.68亿农民工中，绝大多数都还没有在城里买房安家。

按照农民工市民化的计划，在今后几年，即便有一半人在城里买房，那就是8000万人。于是就有两个问题摆在我们面前：一是这8000万农民工进城买房的资金从哪里来，二是他们进城之后在农村的老房怎么处置。可能，有很多人因为没钱而买不起房，也有很多人在城里买房之后，老家的房子闲置无用。如果允许他们把老家的房子，卖给愿意到农村养老和休闲的城里人，岂不是一举两得，两个问题就都可以迎刃而解。

中国的房子，现在大体分为三种价格：一线城市的房子，几万元一平方米；二三线城市的房子，几千元一平方米；多数农村的房子，几百元一平方米。农村的房子，或者依山傍水，或者一望无际，真的就那么不值钱吗？非也，完全是因为政策的限制。允许农村人到城里买房，却不允许城里人到农村买房。农村的房子，只能在本村进行交易。不准进入市场，价格当然就上不去。如果放开，很多农村的房子，可能比一线城市还要贵。

有一些农民，有进城的愿望，而且这种愿望非常迫切。他们不喜欢农村的肃静，觉得城里信息多，机会多，享乐多，所以愿意住到城里去。同样，也有一些市民，有下乡的愿望。尤其是一些老年人或有钱人，在城里住腻了，非常愿意找个清静的地方，养养花，种种菜，喂喂鸡。所以他们对农村的山水和农村的房子，都情有独钟。近几年，很多的媒体，也都报道过这样的消息，说有很多城里人，渴望去买一个农家院。

但我们国家的现行政策，是坚决不允许的。一些专家，还说这是一种"逆城镇化"。他们的主要理由是：城里盖的房子，开发商都向政府交了土地出让金。而农村的房子，土地属集体所有。如果农民把房子卖给城里人，政府拿不到出让金，集体也收不到钱，白让这些人占了便宜。

他们忘了，城乡差距形成和拉大的主要原因之一，就是城里人享受了太多的公共福利。城里的很多设施，包括道路、公园、供水、供电、供暖、供气等，都是国家投资建设。而农村绝大多数的基础设施，大都是农民自己集资筹建。现在国家的经济实力已经大大增强，是到了城市反哺农村的时候了。

前几天看到一篇报道，说英国的城里人退休后，很多都选择到环境更好的乡村定居养老。致使现在英国农村 60 岁以上人口比例，远远超过了城市。许多地方农村的房价，也比城市更高。而且很多有钱人，还投资农村的环境建设。

如果我们放开政策，农村人可以到城市里买房子，城里人也可以到农村去买房子，马上就会大大加快城乡一体化和农村城镇化的进程。

其中一个最根本的问题，就是深化农村土地制度改革，既要坚守土地公有性质不改变、耕地红线不突破、农民利益不受损"三条底线"，又要通过改革，让农民获得更大的利益。一是开展农村土地征收、集体经营性建设用地入市、宅基地制度改革试点。二是深化农村土地承包经营制度改革。三是健全耕地保护和补偿制度。

还有农民如何养老的问题，也非常重要。我们的社会，讲究的是"按劳分配"，或者是"按资分配"、"按智分配"、"按技分配"、"按位分配"，而那些已经失去了劳动能力，又没有资本、没有地位、没有养老金的孤寡老人，又该怎样生活？

市场经济的一个最大特点，就是谁也不做赔本的买卖。即便是挂着"敬老"和"养老"等招牌的院所，如果你自己没钱，又没人给你掏钱，你也别想进去。而且即便进去，生活水准也非常有限。虽然付达信说"敬老院的生活赶不上监狱"只是他的一己之见，但很多地方敬老院的日子，过得确实很不宽松。

传统的农村，是养儿防老。等到自己老了，就靠儿女养着。而现代社会，这种养老形式，已经完全不适应时代的要求。更重要的是，国家的干部职工，都由国家养老，为什么只有农民，就得靠自己养老？

实际情况是，有些人有能力养老，也有些人没有能力养老。有能力养老的人，可以靠自己的积蓄和儿女的供养，保证晚年的生活。没有能力养老的人，除非像付达信那样剑走偏锋，否则就得自己艰难度日。即便有能力自己养老的人，心理上也会不平衡。干部职工都有退休金，我们农民凭什么就一分钱都没有？

所以，保证农民养老，最基本的办法，就像让他们丧失劳动能力以后，也能够像干部职工一样按月领取养老金。现在我们国家的国民经济已经高速发展，经济实力在全世界名列前茅，完全有能力帮助农民解决养老问题。而且农民的数量越来越少，每个城市，都应该把反哺农村和农民，当作自己一项义不容辞的责任和义务。

第二节　把农业大国变成农业强国

中国是一个农业大国，在全国众多的人口中，农民一直占绝大多数。在新中国成立以来的半个多世纪的现代化进程中，农业现代化始终是一个重要的主题。但由于对中国国情和农业现代化规律的认识是一个逐步深化的过程，农业现代化的历程也经历了一个曲折的实践探索过程。虽然提出了走中国特色农业现代化道路的新方向，但在工业化和城镇化的进程中，还有很多问题需要解决。

经过 30 多年的改革开放，中国农业生产力得到了很大的发展，农业综合生产能力得到显著的提升。在粮食总产量连续多年增产的同时，农业结构不断优化，优质农产品比重明显上升，规模化种养、区域化布局，标准化生产加速推进。此外，我国在农业现代化的进程中，也取得了新的进展，农业技术装备水平稳步提高，农田有效灌溉面积不断扩大，农作物耕种收综合机械化率也提高了 20 个百分点。

农业生产力的持续提高，为城乡民生的改善奠定了坚实的基础，农民收入也持续较快增长，生活水平显著提高。2015 年全国农民人均纯收入达到 11 422 元。社会主义新农村建设扎实推进，农村面貌得到明显改善，农村教育、医疗、社会保障等基本公共服务快速在农村覆盖。

一、面临的问题和挑战

但我们也必须清醒地看到，我国农业发展虽然取得了历史性的突破，农业转型升级和基本实现现代化仍然任重道远。我国人多地少，长期以来迫于农产品供求的压力，采取以高产为主要目标的技术路线，农业资源处于粗放型过度开发状态。再加上近年来工业化、城市化的快速推进，和农业比较效益的下降，导致土地、资金、劳动力等农业资源农转非现象严重。这使得农业长期处于超负荷状态，造成农业资源与环境危机愈演愈烈。农业尚未成为高效绿色产业，农业低效益的状况还没有从根本上改变，务农还未成为体面有尊严的职业。具体来说，当前农业发展和农业现代化建设还面临以下八大问题的困扰和严峻挑战。

一是农业现代化进程滞后。与快速推进的工业化、城镇化相比，农业现代化进程还是明显滞后。工农业发展不平衡，农业比较效益低，农业劳动生产率低，影响了农业现代化的顺利发展。城乡收入差距持续扩大，城乡居民收入差距还在3倍以上，农业低效益的状况没有从根本上改变。

二是农业生产规模微小。我国人多地少，人均耕地面积只有1.4亩，不到世界平均水平的1/3，再加上土地承载着农业人口的社会保障和福利等众多职能，在按人均包土地的制度安排下，人口增长不断加剧土地经营细碎化。导致大多数农户的粮食生产，很难获得规模效益，尤其是农业小规模生产同农业劳动生产率提高的矛盾日益突出。两亿多的外出务工农民，难以在城镇安居乐业，成为流动于城乡之间的两栖人口，出现了农业兼业化或副业化趋势。

三是农业资源生态消耗过量。受工业化、城市化对非农建设用地需求的增加和耕地沙化、退化和污化的影响，耕地数量锐减和耕地质量退化的问题十分严重。全国最近十年耕地减少了 1 亿亩，已经接近 18 亿亩的红色警戒线。全国每年受污染耕地约有 1.5 亿亩，再加上土地退化、沙化每年减少约 3000 多平方公里。农业用水占全国用水总量的 70% 左右，但利用率却仅为 0.4～0.5，与发达国家的 0.7 差距很大。我国单位耕地的化肥、农药使用量都超过发达国家，其有效率都不到 30%。农业生物资源多样化不断被破坏，生物链断裂，洞庭湖鼠灾是这一问题的真实写照。

四是农业科技创新不足。近年来，我国财政对农业科研的公共投资强度一直处在占农业 GDP 的 0.25% 左右，与目前国际平均水平 1% 相比有较大差距，不仅明显低于美国等发达国家的水平，也低于大部分发展中国家的水平。同时，农业科技研发和产业脱节问题尤为突出，也进一步影响农业科技创新工作的推进。据统计，当前我国农业科研存在成果转化率低、转化时间长的问题，"十一五"期间农业科研机构成果转化率为 42%，农业高效转化率为 37%，这与发达国家 70% 至 80% 的水平相差甚远。

五是农产品市场产销无序。由于我国农业生产组织化程度低，农产品市场化发展历程较短，农产品市场体系建设滞后，与发达国家农产品流通现代化水平相比，仍存在较大差距，主要表现在交易方式落后、直供直采率低、流通基础设施较薄弱、流通过程损耗率高，流通主体实力较弱、市场组织化程度低，产销市场信息不对称，农产品价格波动剧烈等方面。受到农业生产经营主体太多、规模太小、副业化倾向太严重、农业信息化和农民组织化程度太低等多种因素影响。众多小农户一哄而上又一哄而下的跟风决策效应引发农产品畸多畸少，导致我国主要农产品卖难买难交替出现问题愈演愈烈，农民摆脱不了增产不增收的困扰。

六是农业投入与政策保护不足。财政对农业投入数量过少，无法保障我国农业健康快速发展和农民持续增收。据统计，发展中国家财政对农业的投入一般保持在 10% 左右，像印度、泰国、巴基斯坦等国，财政对农业的投入要占到财政总支出 15% 以上，大大高于我国的水平。此外，财政对农业投入结构不合理，生产发展后劲不足，制约着农民收入持续增长。而财政支农资金投入地区不平衡，也严重影响了农业均衡发展，地区间农民收入差距日益扩大。

走中国特色农业现代化道路，从根本上讲，是由我国农业发展的基本国情决定的，是我国发展现代农业的基本方向，是我国各地在满足国家战略和发展目标要求的前提下利用地方特色和发挥比较优势必然选择的结果。与世界已经实现农业现代化的众多国家相比，与前三条农业现代化道路相比，我国人多地少、人均资源紧缺，必须加强农业基础设施建设，促进农产品有效供给；农户规模小、经营分散，必须稳定和完善农村基本经营制度，推动农业经营方式创新，不断满足农业生产力发展的新要求；农村生产力水平低、生产方式较为粗放，必须着力加强农业综合生产能力建设、转变农业发展方式，提高农业农村经济发展的质量；农业比较效益低，必须稳定完善强化强农惠农政策，着力构建农业支持保护体系；破解城乡二元体制任务艰巨，必须统筹城乡经济社会发展，努力形成城乡发展一体化新格局；农产品市场与国际融合日益加深，必须扩大农业对外开放，提高利用两种资源、两个市场的能力，保障国内产业和供给安全；农村地域广、农业发展不平衡，必须因地制宜、循序渐进，积极探索发展现代农业的多元模式。

二、发展智慧农业

我国一直是传统的农业大国，但在发达国家已经开始采用高科技进行精细化农业作业的时候，我国绝大部分地区依旧采用了传统的耕作方法，很大程度上还是靠天吃饭。即使国家对于"三农"问题异常重视，但对于农民来说，种地显然并不能为家庭提供足够的收入，相比较于种地过程中，从购买种子到生长过程所需的农药化肥，再到机械化收割需要投入的成本，即使亩产数千斤，又有农业补贴，所能得到的利益依旧是微薄的。因此，如今的农村，更多的青壮年劳动力义无反顾地背起行囊，前往大城市打工，而留守农村的多半是老人孩子，显然难以承担繁重的农业劳动，因此，大量的田地被荒废闲置了。

这样的情况如果一直得不到改善，甚至更加恶化，我国的粮食产量会受到严重的影响，甚至难以自给自足，需要依赖国外的进口，无疑会被其余的国家扼住要害。因此，改善目前的窘况，进而将我国从农业大国转变成为农业强国，可以说已经是迫在眉睫之举。

在中国，智慧农业的概念已经提出了好几年，但是多半不过是提出了一个设想，还有一些虽然已经开始付诸实施，但是多半是有线方式，而且对于农民来说，投入成本过高，并不适合大规模使用。在这样的大环境下，南京物联传感推出了更为简单实用，且成本低廉的智慧农业解决方案，目前已投入市场，且反响良好。

智慧农业解决方案如今主要运用于大棚种植之中，与传统大棚种植相比，节省了大量人力投入，相比较起来，总体来说投入成本要比传统大棚种植更为低廉，开始运行之后，也更为高效，由人工造成的损耗也可以降低到一个极低的水平，让农民可以充分且高效地利用土地，获取更好的经济利益。

通过智慧农业系统，你可以从你的智能手机中，得知大棚中的各种情况，比如说，哪一块大棚之中土壤干燥，就可以直接通过智能手机发出指令，让埋设在土壤中的无线电磁阀进行灌溉。冷空气南下，你便可以远程开启大棚内的加热器，给大棚中的植物提供合适的生长温度。为了有效控制植物的光合作用，你还可以根据科学数据监测调整大棚内的CO_2浓度，最大程度上帮农民解决实际问题。

通过智慧农业解决方案，从小里来说，一方面可以在有效利用现有耕地的同时，保障农民的利益，另一方面，也能给农民增加一个选择，使他们不必背井离乡，在家乡便可拥有不下于城里的收入，缩小城乡差距。往大里说，在我国人均耕地面积并不宽广的情况下，采用智慧农业方案，推行高科技化的精准农业，可以让我国从一个农业大国进化成为一个农业强国。

三、以监督体系塑造和保证诚信

现在还有一项重要任务，即构建农产品质量安全信用体系和新型农业经营主体信用体系。通过几年的努力，基本建成农产品质量安全信用体系，重点生产经营主体的信用信息基本实现全覆盖，守信激励和失信惩戒机制完善。信用体系在保障农产品质量安全上发挥重要的基础性作用，消费者对农产品质量安全的满意度将会大幅提高。

新型农业经营主体信用体系，是农村信用体系的重要组成部分，它不能游离于农村信用体系之外。因此，在体系的建设过程中，不但要引起全社会，尤其是农村乡（镇）、村委会、广大农民的重视和参与以外，而且要探讨和建立以农村信用体系为基础，以新型农业经营主体为根本的信息采集、信用等级评定、信息应用和共享机制，并有强有力的措施做保障。

构建新型农业经营主体信用体系，要向经营主体宣传信用评定结果的好处。

一是经营主体在市场经济活动中有了"身份证"。客观地说，良好的资信等级和信誉度可以提升经营主体在市场中、农民中的形象，有利于吸引农户加入主体，壮大实力，提高竞争能力。它是参与市场经济活动的"金名片"，能够使上下游客户放心地与之合作，以拓展市场，增加销售，实现健康发展。

二是经营主体在向银行申请融资中有了"通行证"。信用评级对于经营主体来说，就像商品通过了质量认证一样，可以提高社会知名度，得到银行的充分信任，促进融资的成功，扩大融资范围。

三是经营主体如果获得高级别信用等级，可以降低融资成本。对于一个没有信用等级可参考的经营主体，必然和银行等外界存在信息不对称问题，致使融资相对困难，即使融资成功，按照高风险对应高付出的原理，融资成本也相对较高。相反，获得高级别信用等级的经营主体不但较容易取得金融机构的支持，扩大融资规模，金融机构愿意与其长期合作，而且可以适当下调贷款利率，降低融资成本。

构建新型农业经营主体信用体系，需要探讨经营主体信息采集的方法和渠道。属于家庭农场和种粮大户的，采集家庭农场主和种粮大户主的个人征信记录。属于农民专业合作社的，如果合作社在人民银行办理了贷款卡，则同时采集合作社的征信记录和法人代表或牵头人的个人征信记录。没有办理贷款卡的，则采集合作社法人代表、主要成员的个人征信记录。无论是经营主体本身还是主体的主要牵头人、负责人、家庭农场主、种养大户主，如果在金融机构有过不良信用历史，则要慎重考虑将其评为高级别的信用等级。通过走访、暗访等形式，采集经营主体本身或主体的主要牵头人、负责人以及家庭农场主、种养大户主在生产生活周围，左邻右舍，业务合作伙伴，生产资料采购地等群体中的信用、人缘、口碑等情况。

构建新型农业经营主体信用体系，离不开"信用户"、"信用村"、"信用乡镇"的评定。毋庸置疑，构成经营主体的基本单位是农户，因此，建立经营主体信用体系，离不开"信用户"、"信用村"、"信用乡（镇）"的评定，它是新型农业经营主体信用体系建设的基础。通过信用评定，结合开展诚信教育活动，提高经营主体、广大农民和村、乡干部的信用观念，促进经营主体信用意识的提高。

第三节　打造中国的农业品牌

农产品深加工是指对农业产品进行深度加工制作，以体现其效益最大化的生产环节。如将稻谷、玉米加工为大米、玉米粉的生产，称为粗加工。在完成粗加工的基础上，对半成品进行进一步的完善，使其更具价值，以追求更高附加值的生产，称为深加工。如将大米、玉米粉加工为爆米花、玉米糊的工程，称为深加工。

农产品深加工的细分产业领域，如谷物深加工，包括小麦深加工、稻米深加工、玉米深加工、小杂粮深加工等；蔬菜深加工，包括蔬菜提取物、保鲜蔬菜冷冻蔬菜、脱水蔬菜等；水果深加工、热带水果加工，包括水果提取物、保鲜水果、冷冻水果、速冻水果等。此外还有薯类深加工、坚果深加工、浆果深加工、棉麻深加工、花卉深加工、茶叶深加工、蜂产品深加工、特色农产品深加工等。

现代科学技术水平发展至今，让农产品升值增效的深加工成为触手可及的现实。我们的农产品市场一不缺技术，二不缺设备，三不缺资金，唯一缺乏的或许是农产品研发的想象力。

一、日本的农产品深加工

有人比喻，日本的农产品深加工，可谓"七十二变"。一个柿子，就有100多种吃法。在日本，梨，不仅用来当水果吃，还可以做成很多种糕点，甚至做成几十种菜肴；柑橘，除用作饮料、果冻外，还可能制作成乳酸菌浓缩汁、十几种糕点、几十种清洁类日常洗涤及美容产品。还有葛粉、柿子、生姜……很多我们司空见惯的水果、蔬菜，在日本人手中摇身一变，就能够成为那么多精美实用的畅销产品。农业产业化，最重要的环节是如何把原材料通过深加工，开发出市场适销对路的产品。

柿子，是我们熟悉的水果。在柿子鲜果中化验的20种营养成分中，有2种和苹果相等，有12种高于苹果。在我国，稍有生产规模的柿子产地，也只有8个省区约50个县市，农业部已将柿子列入"特色农产品区域布局"规划中加以重视。目前，全世界每年鲜柿果总产量大约400万吨，我国占其中80%，约产320万吨，面积和产量均居世界第一。

然而，最近10多年来，因为卖不出好价钱，几乎每年都能听到各地农民宁愿让"柿子挂在树上烂掉也无人采摘"的新闻。另外，我国柿果大都是涩柿子，脱涩后10天左右不吃掉，就会变质腐烂。柿果保鲜期的"短板"，严重影响了柿子储存和运输流通半径；柿子鲜果90%只能在产地周边勉强消化，加上柿子秋天下树销售旺季，有多种时令水果同时上市，这样，虽说柿子集多种优势于一身，市场地位却颇为尴尬，以致这么高营养价值的水果，大量被白白浪费了。

目前，我国柿子的主要加工产品，是传统的柿饼。也有做柿子醋之类的其他产品，因为没有形成产品优势，也就谈不上市场。

而在邻国日本，柿子却是另一番状况。据介绍，日本柿子产量排名全球第三，年产约 20 万吨，甜柿占大部分。日本柿子不仅在品种改良上，取得了长达半年多的鲜果保鲜销售优势，更重要的是，以柿子为主要原料、或辅助材料、为题材的深加工产品，以及衍生产品，达到 100 多种！

比如，食品类包括风味柿果糕点、腌渍品、保健饮品、柿子宴席等产品系列，日用品类包括柿涩染织的纺织品、比较高级的染发美发产品、美容护肤产品、柿涩面膜、洗面香皂、杀菌、消毒、防虫、除臭产品，柿子文化产品包括图文出版物、卡通动漫造型、工艺品系列、美术品系列等。

茶叶，因含有多种价值极高的营养成分，被古今中外公认为最具养生保健和医药功效的三大饮品。在我国，茶叶主要用开水冲泡。然而，有一种颠覆性的观念在业内已成共识：据科学测定的开水"冲泡"茶叶，茶叶里丰富的营养成分仅能溶于水中的大约占 30%；另有 70% 的有效营养成分，都被当作"茶叶渣"扔掉了！实验证明："吃茶"比喝茶能更多更充分地汲取营养物质。

完整继承中国宋代"吃茶"传统的日本抹茶，就是沿袭了"吃茶"的方式，100% 完整享用茶叶营养。这或许应该是日本多年来一直成为世界第一长寿大国的秘密之一。

抹茶，并不等于绿茶粉。国际市场上使用"抹茶"（Matcha）二字有严格限定，凡不是天然石墨碾磨的不得称作抹茶，凡是没有使用抹茶原料的产品绝对不允许使用"抹茶"（Matcha）二字。

而目前在我国市场上，抹茶和绿茶粉颇有些鱼龙混杂（因为是奢侈品和普通产品的差别，所以尚无标准限定），普通消费者是很难区分真假的！绿茶粉和抹茶，不仅仅是享用习惯和营养摄入上有很大差别，从经济效益上讲，价格相差也在十几倍以上。

抹茶不仅深受日本人的喜爱，近年在欧美等国家也大受欢迎，从而带来日本抹茶出口量连年翻番。

二、美国的农产品深加工

美国农业 GDP 占全部 GDP 的 1.2%,比重虽然不大,但发展水平很高。农产品加工业是美国现代农业重要支柱产业,在提高农业竞争力、为农民提供就业岗位、满足民众食物营养需求等方面发挥了巨大作用。美国农产品深加工主要有以下几个特点:

其一是加工原料供应稳定。现代化大农业为加工业提供了标准化、专业化的原料,农场主根据加工、贸易的需要安排生产。过去农场主生产往往是多元化的,现在一般只专注于 1 ～ 2 种农产品,而且种植规模往往达到上万亩甚至几万亩。农产品加工企业与农场主通过签订协议,确定原料的品种、数量、价格和质量,保证原料的稳定供应。现代农业技术与装备在专用原料生产中发挥了重要作用。如芝加哥 Jschk D oliinger 农场为加工企业专门生产玉米和大豆,种植规模达到 27 万亩,采用了机械化、设施化、信息化和精准化农业集成技术,农业生产主要由 5 ～ 7 人完成,劳动生产率和产品标准化程度很高。

其二是初加工设施完备。美国的农产品初加工设施与装备非常完备,几乎每个农场都建设了自己的初加工设施,不仅有效解决了农产品集中上市面临的收储压力,也为下游的精深加工提供了可靠保障。马铃薯的贮藏主要由农场主承担,贮藏周期可长达 8 ～ 10 个月。印第安纳州的 H oekstra Po ID Farms 种植了约 9000 亩马铃薯,农场建有马铃薯自动化清洗、分级初加工设施,不仅与马铃薯收获设备配套,而且能够自动输送、堆高、装箱。Ibum Coop 公司、bschkDollinger 农场等谷物烘储设施可将玉米的含水率从 25% 降至 15%,将稻谷的含水率从 20% 降至 12%。美国最大的稻米加工企业 Rice Land Rice 公司分区域建设了 32 个收储设施，构成了农户烘储—区域收储—加工厂收储的初加工设施体系。

其三是精深加工程度高。美国农产品精深加工大而专、副产物利用程度高，并且注重资源综合利用、生态环境保护和可持续发展。稻米加工企业主要生产精米、预煮米和即食食品，稻壳用作燃料转化能源，米糠主要由专业公司生产米糠油或饲料。畜禽屠宰加工除进行肉及肉制品加工外，骨、血、皮、毛等副产物还被普遍用于生物医药、食品添加剂、饲料等的加工原料。一般中小型生猪屠宰加工企业，至少能生产出 10D 多种分割肉产品；Nalure Made 公司专门利用骨头副产物加工硫酸软骨素、氨基多糖等预防关节病的高附加值营养保健品。马铃薯除 12% 用于鲜食外，其余加工成薯条、薯片、淀粉、马铃薯面包等产品，皮渣用于生产饲料。水果除鲜食外，还加工生产水果营养棒、膨化食品等产品，水果副产物加工成可食用、可降解的包装材料。

其四是技术与装备先进。美国农产品加工技术装备水平高，谷物加工企业规模大、装备先进、效率高。全美 30 家大型稻米加工企业的生产量占全国总产量的 95%。Producers 公司在阿肯色州小岩城的加工厂单体生产线加工量达到每年 40 万吨，采用了世界最先进的大米加工装备，一天可有序接收 400 辆大型货车的原料供应，智能逐车取样、在线无损检测、自动装载运输。印第安纳州的 PorkK ing Pack ing 公司是一家专门从事生猪屠宰的中小型家族企业，日屠宰生猪 2100 头，生产规模虽然不大，但采用了世界上最先进的自动屠宰、真空采血、精细化分割技术装备；工艺流程科学、空间布局紧凑、生产效率高。

其五是产加销衔接紧密。农业生产、加工、流通等不同环节之间环环相扣，通过合作共同对接市场，有效解决了原料生产与加工、销售脱节的问题。农场主与企业之间采用了合作制或股份合作制，农场主既是原料供应商，也是企业的社员或股东。主要谷物产品和畜产品可在芝加哥期货交易所进行交易，通过预期价格发现引导加工企业和农场主生产。物流企业通过基地认证、品牌经营、质量监控等方式强化与农场主、加工企业的合作。如 Sysco 公司是北美最大的生鲜农产品物流企业，在大中城市周边建有配送中心，实现了生产基地、加工企业与消费的对接，有效地将生产、加工、物流和市场联结起来。E Ibure Coop 公司以及 Cargill 公司，利用密西西比河航运的便利，在主产区建设谷物烘储初加工设施，以低物流成本，实现产加销一体化运营。

　　美国农产品加工业拥有一批高素质的人才。从事专业原料生产的农场主一般具有大学学历，有的获得 MBA；无论合作制企业，还是家族企业，均由高级职业经理人组成团队实施管理；科研机构吸引了世界各国的优秀科学家，其中不乏华裔科学家。

　　美国农产品加工业普遍实行组织形式合作制，优化利益分配机制。农场主和加工企业之间普遍建立了合作关系，一般按照交易量进行数次利益分配，确保加工增值效益回馈农场主。伊利诺伊州的 E Ibum Coop 公司是一家专门从事玉米大豆干燥、储藏的初加工企业，年销售收入 1.5 亿美元。公司与农场主之间建立了一种股份合作的机制，其股东包括上千个农场主，农场主销售农产品给公司可获得直接销售收入，按照销售量还可参与公司财年的利润分红。Rice Land Rice、Producers 两家公司是全美第一和第二大的稻谷加工企业，加工规模分别达到 230 万吨、120 万吨，均采用合作制组织形式，分别拥有 6000 家、2500 家农场主社员，基本上分三次进行利益分配。农场主销售稻谷给公司，首先获得 60% ～ 70% 的收入，在 7 月底财政年度末可得到剩余的销售收入，到 12 月份还可依据当年的销售量获得公司的利润分红。这启示我们，加工企业采用合作制组织形式，产权清晰、分配公平，农场主与加工企业形成利益命运共同体，能够有效调动农场主、企业等市场主体积极性，有利于产业的稳定发展。

美国的农产品加工科研紧紧结合产业需求，形成了完善的科研立项机制。科研项目的立项一般由科学家、企业、公共机构共同提出需求，每五年组织研讨会，规划确定重点研究项目，充分体现了产业的需求。通过外部评价系统和国家项目主管机构对项目的目标、机制进行评价，研发资金由总统批准拨款。美国农业科研主要由农业研究服务局（AR8负责，该机构的主要职责是满足民众营养需求、保持美国农业竞争力、为农民提供就业机会，农产品及食品加工技术装备的研发、中试是其研究重点。ARS 建有 4 个区域研究中心及 100 多个研究机构，每年财政预算高达 11 亿美元，主要用于科研和人员经费支出，中试车间等基础设施全部由财政出资建设，研发费用部分来自合作企业，成果直接应用于生产。据介绍，科研投入产出效率高，投入产出比达到 1：20。其中，西部中心主要立足区域资源，重点进行果蔬红外加工、膨化、鲜切、冷冻加工，蘑菇 VD 强化、副产物综合利用技术的研发与中试，开发营养安全、美味健康、方便快捷的食品生产技术与装备，并进行技术转化与应用。这启示我们，科研服务产业需求，坚持立项开放性、评价客观性、投入公共性、研发与中试连续性，解决产业关键重大科技问题，才能实现创新驱动，促进科技成果研发、转化、应用，加快提高农产品加工技术装备水平。

美国已建立了职责明确、层次分明的质量管控体系。农业部谷物检测服务局负责谷物分级标准制定、出口监管，由其授权的州立或私立的检测机构具体承担检测任务，每个港口都设有检测实验室，对每批产品进行检测。进口农产品的监管由美国国土安全部门负责。农业部派驻检疫人员对畜禽屠宰企业进行监管，包括畜禽进厂检疫、屠宰加工同步检疫、每日的加工生产线清洗检验等。同时，美国的农产品都建立了分级标准，如谷物分为 5 个等级，牛肉分为 4 个等级。企业也建立了严格的自检制度，如 Hoekstra Po-la Farms 的马铃薯在清洗分级后，检验人员会从传送带上随机取样进行检测，符合标准的才发货给薯片薯条加工厂。Pork King Pack ing 公司建立了危害分析与关键点控制技术体系（HACCF），关键控制点有专人值守，生产线每天都进行彻底清洗，环保控制严格，污水处理必须达标。这启示我们，建立质量监管和自律机制，通过健全完善质量管理和标准体系，有利于促进企业诚信和品牌建设，保障农产品及加工品质量安全，提高农产品加工企业及产品市场竞争力。

美国农民虽不足 2%，但产业协会、市场、金融、保险、期货、科研等社会化服务人员却达到 18% 以上，完善的社会化服务体系保障了美国农业以及农产品加工业的高质高效发展。美国有马铃薯协会、稻米协会及农场联合会等行业服务组织，主要为生产者服务，协调立法和政策制定。如马铃薯曾被误认为是导致肥胖的原因，政府限制学校午餐食用马铃薯。马铃薯协会通过科学论证，表明马铃薯对人体有益，进而说服政府调整政策，鼓励食用马铃薯。农场联合会是由农场主自愿组成的社团组织，会员有 600 多万，覆盖了全美 3000 多个县中的 2815 个，具有很强的社会影响力。联合会可向议员、农业部直接提出建议，推动产业政策的制定，在税收、环保、财产、土地、出口等方面维护农场主的利益。农民对社会服务组织高度认可，积极参与，农场联合会的许多会员同时也参加了其他专业协会。这启示我们，各类行业服务组织架起了农场、加工企业等经营主体与政府、市场的桥梁，充分发挥公共服务作用，推动协调行业立法和政策制定，加强行业自律，有利于增强加工企业及原料生产者经营主体地位和话语权。

三、发达国家采用的农产品深加工技术

目前，世界发达国家普遍采用的先进农产品深加工技术主要有以下几种。

1. 计算机视觉识别与分级技术。

这是 20 世纪 70 年代初期在遥感图片和生物医学图片分析技术取得卓有成效的成果后发展起来的一种新技术，它是利用一个代替人眼的图像传感器获取物体的图像，然后将图像转化成一个数据阵，再利用一台代替人脑的计算机来分析图像，最后完成一个与视觉有关的任务。随着图像处理技术的日益成熟和计算机速率的提高及硬件成本的下降，一些发达国家于 20 世纪 70 年代末开始该技术在农产品收获和深加工领域中的应用研究。目前，国内外对计算机视觉技术在农产品深加工中应用的研究和实践主要集中在农产品品质自动识别和分级方面，如种蛋、谷粒表面裂纹检测；梨、苹果等农产品表面缺陷和损伤的检测；根据大小、形状和颜色对黄瓜、土豆、苹果、玉米和辣椒等果蔬进行自动分级等。

2. 膜分离技术。

膜分离是利用一张特殊制造的、具有选择透过性能的薄膜，在外力推动下对液相或气相混合物内的不同成分进行分离、提纯、浓缩的先进加工技术。膜分离过程为冷过程，在常温下进行，营养成分损失极少，特别适用于热敏性物质如果汁、酶等的分离、分级、浓缩与富集；膜分离过程不发生相变化，所以挥发性成分如芳香物质损失极少，可保持原有的芳香；膜分离过程在密闭的系统中进行，被分离原料无色素分解和

褐变反应；膜分离技术不用化学试剂和添加剂，产品不受污染，选择性好，可在分子级内进行物质分离，具有普通滤材无法取代的卓越性能，其处理规模可大可小，可连续也可间歇进行，膜组件可单独使用也可联合使用，工艺简单，操作简便，容易实现自动化操作，因此自20世纪70年代进入工业化生产以来，获得了迅猛发展，现已广泛用于乳制品工业、果蔬加工业、饮料工业、油脂工业、制糖业、淀粉加工业、酶制剂及肉制品工业等领域中。如乳品深加工或运输前乳和乳清的浓缩(RO)、乳清蛋白的分离和浓缩（UF）、水果汁和蔬菜汁的浓缩、糖的浓缩、无醇啤酒生产、高度酒中除去部分酒精（RO）、马铃薯加工业废水中回收蛋白质、天然色素和食品添加剂的分离和浓缩(UF)等。根据国外的统计，目前膜分离技术已在农产品和食品加工业中获得广泛的应用，占到各工业应用总数的68%，其中乳品加工业占37%，果汁加工业占18%。膜分离技术已成为目前纯净水生产的主要加工技术。此外，啤酒和白酒生产亦利用膜分离技术作为提高产品品质的一种手段。

3. 超临界萃取技术。

超临界流体萃取技术是利用高于临界温度和临界压力的流体对许多物质具有良好的溶解能力的性能，对物质进行提取和分离的一项新型分离技术。由于超临界流体既具有与液体溶剂相当的萃取能力，又具有优良的质量效果，因此具有使用安全、操作方便、节省能源、分离效率高、可防止萃取物热劣化及抗氧化和净菌作用，在20世纪70年代以后获得了迅速发展，被广泛应用于化工、食品、医药等工业领域。超临界二氧化碳萃取技术非常适用于农产品的深加工，受到了各国食品和农产品深加工研究人员的高度重视。

超临界二氧化碳萃取技术在农产品深加工上最早的应用是从咖啡中

去除咖啡因和高品质的啤酒花，其后有人研究利用超临界二氧化碳萃取技术从植物油料中提取油脂并控制粕中蛋白质不变性；目前，超临界二氧化碳萃取技术已普遍应用于从植物中萃取天然色素、食品添加剂和香料；从除虫菊中分离除虫菊酯；从烟草中除去焦油和尼古丁以及高纯生育酚的提取、黄油的改质、大豆磷脂的浓缩等方面。

4. 真空冷冻干燥技术。

真空冷冻干燥是一种在真空和低温条件下对物料进行脱水加工的先进干燥技术，它首先将物料冻结到共晶点温度以下，使物料中的水分变成固态的冰，然后在较高的真空条件下使冰直接升华为水蒸气，再利用真空系统中的水气凝结器将水蒸气冷凝，从而获得干燥制品。采用真空冷冻干燥技术，物料不易氧化，产品干燥后的形状基本不发生变化，有较高的速溶性和复水性，而且干燥产品无表面硬化现象，脱水彻底，易于长时间保存。利用此项技术对蔬菜、水果、花卉、肉类等农产品进行干燥加工，物料中的营养成分可以充分保留，而且经复水后，物料几乎可以完全恢复原有的色泽和新鲜程度，因此产品的附加值较高。在国际市场上，冻干食品的价格通常是热风干燥食品的 $4 \sim 6$ 倍，是冷冻食品的 $7 \sim 8$ 倍，因此，尽管此项技术只有二三十年的发展历程，却已在发达国家普遍流行。目前，日本和美国食品市场上，冻干食品的比重已达 40% 以上。

我国在 20 世纪 90 年代初，开始引进开发真空冷冻干燥技术与设备，目前中国自行开发制造的真空冷冻干燥设备整体性能已达发达国家 20 世纪 90 年代初同类产品的先进水平，并在蜂乳、蒜片、小葱、花卉及猪、牛肉干的干燥加工中获得实际应用。

5. 微波加热与杀菌技术。

微波是一种频率在300~300 000MHz的电磁波,具有极强的穿透性,可使物料内外同时受热,从而使物料内外温度迅速上升,而且干燥后的物料能基本保持原有形状。因此,利用微波对农产品和食品进行加热加工,在世界许多国家已普遍采用。采用微波对蔬菜、粮食等农产品进行干燥加工是目前微波技术在农产品深加工中的主要应用。

另外,由于微生物蛋白是一种极性分子,极易被微波所极化,随着微波场的极性而发生热变性。因此,国外有许多关于用微波进行粮食虫害、牛奶、果汁杀菌的研究报道。利用微波技术对肉制品进行杀菌加工,国内已在中式肉制品加工中推广使用,并取得了令人满意的效果。

6. 超高压加工技术。

超高压是指压力在300MPa以上,最高可达700MPa的一种加工技术。超高压加工技术源于陶瓷加工业,1990年,日本科学家首先把它应用于食品的杀菌研究中,已对各种农产品如大豆、萝卜、苹果、牛肉、米及果汁、果酱、酱油等进行了实验研究。由于超高压杀菌避免了加热杀菌的缺点,可以保持食品固有的风味、色泽、质构和新鲜程度,提高了成品的品质,因此受到了人们的普遍关注,发展速度很快。目前此项技术已应用于鳄梨、肉类、牡蛎的低温消毒,果酱、果汁等的杀菌,淀粉的糊化,肉类品质的改善,动物蛋白的变性处理等,并有商业化的加工设备在市场上销售。采用超高压技术加工的食品如果汁、果酱、奶制品、茶叶、咖啡、香料等原有的颜色、口味、风味、营养成分等均无损失,对于肉类制品加工可使其嫩度、风味、色泽及成熟度均得到改善,还可加快某些在常压下不能进行的反应,如生物大分子的酶水解、酶反应及有气体参加的反应等。

7. 低温粉碎技术。

低温粉碎技术是近几年发展起来的一种先进粉碎技术。利用冷冻的方式，改变物料的机械特性，不仅可以提高物料的细度，而且可以使原来不易被机械粉碎的物料得以粉碎，其粉碎的细度能达 350 目以上。另外，由于物料在极低温度下加工，物料原有的色、香、味性能得以充分保留，因此这种先进的加工技术被广泛用于香辛料，如可可、杏仁、咖啡豆；调味品如芥子、胡椒；以及中草药、人参、龟鳖丸等高档热敏性农产品的粉碎加工。

8. 辐射加工技术。

就是用钴 60、铯 137 所产生的 γ-射线或电子加速器产生的能量在 10meV 以下的电子射线对物料进行加工处理。主要用于灭菌和杀虫，如可用于防止马铃薯、洋葱等的发芽，经照射可储存 1 年以上；可杀灭稻米和小麦等谷类及水果害虫、畜禽肉中的沙门氏菌、香辛料及干燥蔬菜中的细菌，可杀死食品中的微生物，可延缓香蕉、木瓜、芒果等热带果实的成熟度。辐射还可用于已包装好的状态下的照射，不会造成二次污染，照射过程中，食品只微量升温（2℃～3℃），所以生鲜果蔬及冷藏冷冻食品也可使用。据统计，目前全世界有 37 个国家批准一种或几种辐射技术用于农产品深加工和食品加工业中，其中商业化生产的有25 种。

9. 微胶囊技术。

就是用喷雾法、凝聚法、挤压法等方法将固、液、气体物质包埋在一微小封闭的胶囊内，从而有效地减少芯材与外界不良因素间的接触，减少芯材向环境的扩散与蒸发，掩蔽芯材的不良风味，控制芯材的释放，改变其物理及化学性质。近年来微胶囊技术在保健食品、药品等生物活性物质的处理方面得到了广泛应用，如微胶囊化香料、酸味剂、营养素、防腐剂、脂及脂溶性物质等。随着新壁材的不断开发，微胶囊的功能将会更加健全，这项技术也将得到更快的发展。

我国农产品深加工技术水平仍然较低，多数属于低级、初级加工，产品附加值低。几种主要农产品，如粮食、油料、水果及蔬菜等的加工增值比重很低，造成农产品原料的大量损耗和浪费。有资料显示，目前中国的粮食储藏和果蔬产后损耗率分别高达 9% 和 25%，远高于发达国家水平。农产品产后产值与采收时自然产值之比仅为 0.38：1，产品粗加工多，精加工少；初级产品多，深加工产品少；中低档产品多，高档产品少，而且农产品的深加工技术和装备普遍落后于发达国家 10～20 年，各种高新加工技术的应用很不普遍。尽管近几年来，各级政府对农产品的深加工越来越重视，逐渐加大了投入，但由于基础薄弱，起步较晚，中国的农产品深加工业，距世界发达国家水平还有很大差距。

第四节　农村的希望和未来

到 2020 年，我国将全面建成小康社会。小康不小康，关键看老乡。全面建成小康社会，最艰巨的任务在农村，最美好的希望也在农村。

中国农村未来会是什么样子？ 2013 年 1 月 8 日《中国经济周刊》曾发表一篇文章，说从整体趋势来看，相对于城市的繁荣，中国农村将会一直陷入相对衰败之中。其主因就是目前的城乡二元制度，它像一个巨大的抽水机，单向地把农村资源抽向城市。

这个观点的主要理由是：

（1）大部分的中西部农村正陷入"空心村"状态，年轻人外出打工，主体居民是妇女、儿童、老人。近 10 年来，中国的城乡差距、地区差距、工农差距不但没有缩小，还逐步愈拉愈大。所以，从整体趋势来看，相对于城市的繁荣，中国农村将会一直陷入相对衰败之中，而主因则是城乡二元制度，它像一个巨大的抽水机，单向地把农村资源抽向城市。为此，农村的数量将大面积减少，而农村的品质将整体提高，更加适宜居住和养老。

（2）未来中国农村的生产方式将面临巨大调整，从目前的半截子产业化变为全产业化。近年来中国恶性食品安全事件愈演愈烈，一个主要原因是目前中国的农业生产方式——"公司 + 农户"的产业化模式存在致命缺陷，主要问题是产品质量难以保证。公司一般以尽可能低的价格从农民手中收购原材料，而没有谈判力的农民为了多赚钱只能以量取胜，于是往牛奶中恶意添加水和三聚氰胺、往猪肉中加瘦肉精、往水果蔬菜中多打农药等现象不断发生。

（3）未来中国大量农民将离开农村，应该实行新型城镇化政策，尤其要解决好农民和土地的关系问题。离开了农村的农民和没有离开农村的农民，如何从原有的土地中获得应得的利益。

（4）未来农村不再仅仅是从事农业生产的地方，农业的多功能性将更加彰显，富裕起来的城市居民将把农村作为理想的旅游、度假、观光的好去处。随着城镇化比例的提升，中国的农村将逐步向农业的多功能性转变，吸引城镇居民到农村去旅游、观光。未来，休闲农业将呈现爆炸式增长。

目前，中国农业正处于经济转型的十字路口，几十年来的传统农业发展模式，已经不适应现代农业的新型要求；几千年在农村坚守的农民，也不再满足于脸朝黄土背朝天的现状。农村需要城镇化，城里也需要农村人。未来农业和农村的发展，将呈现以下几个趋势。

一、大批的农民变为市民

按照目前的发展进程，每年都将有几千万农民在城里就业并买房安家。如此下去，再过十年二十年，我国就将和现在的经济发达国家一样，城镇人口占到80%以上。农民进城的顺序，一般是先青年，再中年，再老年。他们进城之后，很快就会适应城市的生活环境，具备城市人的基本素质。再也看不出，他们曾经是农村人。

二、农村房价将大幅提升

预计 20 年之后，农村的房价，就会超过城里。农村的房子，也不再是平房为主，而是各种各样的别墅为主。有的是农民自建的小洋楼，有的是城里人改建的小花园，还有饭店酒楼筹建的小菜园。

三、农村的居住环境会更加美好

村庄的数量，会大幅度减少。一方面，复垦出更多的耕地。另一方面，出现很多各种各样的小镇。比如山乡小镇、水乡小镇、田园小镇、果园小镇、海边小镇等等。农村的交通、通信、教育、医疗、购物、休闲等设施和条件，都将更舒适方便。

四、有机农业将迎来大发展

随着消费者对食品安全的重视，有机食品正逐渐走上高端消费者的餐桌，成为一种健康的生活方式。虽然有机食品的价格通常比一般食品高 20%～50%，但因为禁止使用过多的化肥和农药，从而降低了食品对环境和人体的危害而受到全世界消费者青睐。目前有机产品在国际市场的份额增长迅猛。据统计，中国有机食品的消费额正在以每年 30%～50% 的速度迅速增长。我国有机食品也有着巨大的国际国内市场需求。

五、更加重视品牌形象

随着农产品供需关系和消费者生活方式的转变，消费者对农产品的要求不再是质量和价格的要求，而是对品质要求越来越高。与此同时，农业领域便产生了很多小而美、小而强的农产品，如掌生谷粒、草莓庄园等农产品，设计高端，产品精美，产品优良并非常有特色，为我国农业注入了新的血液。当前的农产品市场已由单纯的产品价格或质量的竞争，转化为知名度、美誉度等以品牌为主导的综合实力的竞争。

六、构建全产业链资源优势

上游原料成本和下游渠道费用的挤压，让企业产业链向上下游延伸，很多企业开始整合资源，布局全产业链。所有企业都将立足自身资源进行整合，尽量构建产业链，将市场主动权牢牢把握在自己手中。因此，从这个意义上说，以农业为依托的大食品产业，这个行业将有长足的发展。

七、农村土地将实现集约化经营

一家一户分散种地，永远都是小农经济。而制定相关政策，促进土地流转，已成为一项非常迫切的任务。现在有些市县的试点，已经取得了成功的经验。把几个村的土地，统一交给一个开发商经营。农民既能够按照得到入股的效益，又可以到集约企业打工，可谓一举两得。其中最重要的原则，是保证农民土地的产权和收益。

八、农民的生活将得到更多的保障

除了医疗保障、教育保障之外，最重要的是养老保障。起码，要按照当地的最低工资标准，让那些没有交过养老保险的 60 岁以上农民，也能够按月领取一定数量的退休工资，保证不愁吃、不愁穿、不愁住、不愁病，能够幸福而有尊严地生活。

农业、农村、农民问题，是关系改革开放和现代化建设全局的首要问题。农业兴，百业兴；农民富，国家富；农村稳，天下稳。当前，深化农村改革，加快农村发展，维护农村稳定，是一项紧迫的任务，也是一项伟大的事业。需要各级政府、各个城市和广大农民共同努力，通过目标、制度和方法的创新，实现全面建设小康社会的宏伟目标。

附：新农村建设十大示范村

近几年，国内有多家机构进行过新农村建设示范村的评选活动。其中智坤教育网于 2015 年 6 月评选的《中国十大名村》是：

1. "天下第一村"江苏华西村

华西村位于江苏省江阴县，1996 年被农业部评定为全国大型一档乡镇企业，全村共有 80 户，1520 人，面积 0.96 平方公里。从 2001 年起，吴仁宝和华西人创造性地提出了"一分五统"，和周边的 16 个村一起组成了大华西村，面积由原来的 0.96 平方公里扩大到 30 平方公里，人口由原来的 2000 多人增加到 3 万多人。

就是这个不起眼的村，创造了全国多项第一，被称为天下第一村，自从1994年对外开放以来，每年接待近百万的中外游客。

华西村是全国农村走共同富裕道路的典型。2004年，华西村人均工资收入12.26万元。同年全国农民人均纯收入2936元、城镇居民人均可支配收入9422元。华西人的收入是全国农民的41.76倍、城镇居民的13.01倍。 2014年，华西村完成可用资金26.59亿元，上缴税金9.82亿元，分别比上一年增长了1.2%和12.19%；村民人均年收入超过8万元。

"70年代造田、80年代造厂、90年代造城，21世纪造市"，几十年中，华西村上演着农民致富的神话。如今，这里"长"出了中国第八高楼，大楼共72层，楼高328米。大楼由200位华西村最富有的村民每人投资1000万元兴建，"股东"们每人可免费得到一套五星级公寓房，村民入住后"衣服送到洗衣房，吃饭直接到宴会厅，享受五星级的酒店服务"。

华西人这样形容自己："远看华西像林园，近看华西像公园，细看华西农民生活在幸福的乐园"。现在华西村资产最少的人家也在100万元以上。已经实现了"小有教""老有靠""房有包""病有报""购有商""玩有场""餐有供""行有车"。全村有100多辆汽车，村上又开通了去上海的班车。华西人自豪地说："吃粮不用挑""用水不用吊""煮饭不用草""便桶不用倒""洗澡不用烧""通信不用跑""冷热不用愁""雨天不用伞"。沟通全村的蜿蜒长廊，有5000米，如同北京的颐和园。

2. "改革第一村"安徽省小岗村

小岗村隶属于安徽省凤阳县 ，位于滁州市凤阳县东部25公里处，距宁洛高速(G36)凤阳出口15公里。现辖23个村民组,946户,3970人，村域面积2.25万亩，其中农用地1.89万亩，可耕土地面积1.45万亩。

小岗村是中国农村改革发源地，国家 4A 级旅游景区，安徽省爱国主义教育基地、安徽省历史文化名村、安徽省干部教育培训基地。

小岗村是一块神奇的土地，30 多年时间里，先后孕育、诞生了"大包干"精神和沈浩精神。1978 年 12 月，小岗村 18 位农民以"托孤"的方式，冒着极大的风险，立下生死状，在土地承包责任书上按下了红手印，创造了"小岗精神"，拉开了中国改革开放的序幕。为此小岗村被誉为"中国农村改革第一村"，敢闯、敢试、敢为人先，是大包干精神的主要内容。

2004 年 2 月，安徽省财政厅沈浩同志受安徽省委选派到小岗村担任第一书记。沈浩同志因积劳成疾，于 2009 年 11 月 6 日猝逝在自己的工作岗位上。他以一心为民、服务群众的宗旨意识；解放思想、不断创新的改革精神；艰苦奋斗、扎根基层的实干作风；任劳任怨、无私奉献的高尚品德；团结农民、带领百姓的群众工作能力，赢得了小岗村民的衷心爱戴。沈浩精神同大包干精神一样，是小岗发展不竭的源泉和动力。

2014 年，小岗村实现工农业总产值 7.38 亿元，村集体经济收入 665 万元，农民人均纯收入 14 500 元。小岗村经济发展定位是：以农业为基础，以旅游、农产品加工为两翼。按照"一心二园一带五区"空间格局进行总体布局，即形成大的小岗经济区，集政治、经济、商贸、文化教育和休闲娱乐于一体的中心；建设主导产业核心示范园和加工物流园；建立沿小岗快速通道南延至凤阳县园艺场、北达花园湖的观光休闲农业发展带；打造优质水稻、黑豆、无公害蔬菜、甜叶菊和健康生猪养殖相对集中区。

3."转型第一村"山西省大寨村

大寨村是山西省昔阳县的一个小山村。全村有 220 多户人家，510

多口人，1.88 平方公里，海拔为 1162.6 米。这里属太行山土石山区，由于长期风蚀水浸，地域形成了七沟八梁一面坡的形貌。大寨的自然条件十分恶劣，是个穷山村。解放后，在陈永贵，郭凤莲的领导下，大寨人决心组织起来改变山村落后的面貌。从 1953 年开始，治山治水，在"七沟八梁一面坡"上，用了十年的工夫，修成了亩产千斤的高产、稳产海绵田。但在 1963 年，大寨遭受了一场毁灭性的洪涝灾害。山流、地冲、房倒、窑塌，群众生活十分困难，十年心血付之东流。在陈永贵同志的带领下，大寨开展了自力更生、艰苦奋斗，重建家园的热潮。

大寨的艰苦奋斗精神，得到了毛泽东主席的肯定和表扬，并于 1964 年发出了"农业学大寨"的号召，从而成为全国农业的一面旗帜。"农业学大寨"以来，很多国家领导人和其他国家的元首、政界要人和友好知名人士，都来大寨指导和参观。国内来大寨参观学习者，更是达到上千万人次。

党的十一届三中全会以来，大寨形势和全国农村一样发生了根本性的变化，家庭联产承包责任制逐步取代了三级所有、队为基础的人民公社体制。1983 年推行了农业生产责任制，80 年代后期，大寨开始尝试发展乡镇企业，建起了煤矿、化工厂等小型企业。其间，农民放开手脚，个体经营经济也开始发展起来，养鹿、养猪、养羊、做豆腐，汽车、拖拉机跑运输，经商等专业户相继涌现。多种经济成分打破了单一的农业生产格局。

20 世纪 90 年代，是大寨大胆改革，锐意进取的年代，邓小平南巡讲话鼓起了大寨人的志，壮了大寨人的胆，使大寨人深刻认识到了发展才是硬道理。这个哲理，使有艰苦奋斗传统法宝的老典型再度焕发出新的生机，在大寨党支部的带领下，解放思想，学习全国先进农村的经验，规划大寨新发展蓝图。1992 年全村每户出一人，组织了 140 多人到河北省先进农村参观学习，此后又多次组织干部到外省外地学习，通过数次实地学习考察，为大寨发展注入了新的活力。

大寨现在已经成为一个优美的公园山村。层层梯田庄稼葱绿，池水波光旖旎，人造森林郁郁葱葱，处处果园硕果累累。大寨村窑洞整齐，街道干净、清洁，人民热情好客。大寨的交通、通信等基础条件已经大有改善，是一个成熟的农业旅游区。大寨相继开发了民族团结林、知青林、军民池、周恩来休息厅、支农池、联建池、陈永贵墓地、老英雄墓地、郭沫若诗碑、孙谦纪念地、大寨展览馆、陈永贵雕像、团结沟渡槽、大寨文化广场、大寨文化展示馆、大寨梯田（狼窝掌）、大寨生态园，开放了陈永贵故居、大柳树、火车皮式窑洞、大寨新居、周恩来住址等旅游景点，为大寨增色不少。

4. 江西省南昌市进顺村

进顺村是江西省南昌市青山湖区湖坊镇所辖的一个行政村。6个村民小组、419户、1441人、面积1.68平方公里。改革开放30多年来，经过"盘活资产打基础、以地换地拓空间、招商引资谋发展"三个阶段，拥有"一个集团"、"三家宾馆"、"三个园区"、"五大市场"。

在江西省的新农村建设中，进顺村创下了全省的"六个率先"。荣获"全国文明村"、"中国十大名村"、"中国十佳小康村"、"全国敬老模范村"等荣誉称号。

党的十一届三中全会以后，进顺村世代相传的种菜营生得以改变，先后办起了装订厂、米粉厂、化工厂、养鸡场等20多家村办企业。然而好景不长，村办企业经营发展到20世纪80年代中后期，由于产品质量差、科技含量低、企业管理不完善，出现了大面积亏损。在传统的农耕社区，土地是农民的立身之本、求存底线，可随着城市化的加速，进顺村的土地越来越少，原本逼仄的生存空间也随之越来越窄。但是，当村属企业"雪上加霜"地不断亏损后，深思熟虑后的进顺人大胆决定"反弹琵琶"：充分发挥区位优势，发展宾馆、酒店等第三产业，向更高档次的村办企业进军。

1999 年，在村"两委"的提议下，村民代表大会一致通过了对村集体经济实行社区型股份合作制改造的方案，将"股份制"与"合作制"有机融合，让村民人人持股、个个当家，每年村民股利分红 300 余万元，人均分红 2000 余元，户均分红 7000 余元。率先实现村民社会统筹保险，解决村民后顾之忧：在实现村民向职工的身份转变后，进顺以职工的身份给村民缴纳了社会统筹养老保险金，把村民纳入了社会保障体系。同时村民还享有 16 种福利，人均每年可享有 2000 余元的福利费。

2008 年初，进顺村又融资 4160 万元，购买了南昌市洪都商业银行 3200 万股。为打消村民顾虑，村干部反复与村民做工作，又经村民代表多次讨论，使得"参股金融业"的提案，最终得到了村民代表大会的审议通过。

2008 年 3 月，进顺村正式成为南昌市洪都商业银行十大股东之一，进顺村也成为江西省首个进入金融资本市场的村。通过几年的增资送配股，进顺村已持有农商银行 3872 万股，2011 年获得现金红利 696 万余元。进顺村成功打造了"金融板块"，乡亲们尝到了甜头。村民代表们都认为，坚持民主决策推进这个项目，进顺村多了一个经济增长亮点。

2014 年，进顺村持有农商银行股份 6957.5 万股，年分红达 1000 多万元，超过村原有三个工业园区的年收入，金融板块成为村级经济发展的重要支柱。从土地到市场，从市场到资产，从资产到资本，进顺村的村级集体产业也得到不断的提升。

5. 浙江省滕头村

浙江省宁波市滕头村地处萧江平原，剡溪江畔，位于奉化城北6公里，离宁波27公里。全村居民296户，787人，外来人口6500多人，800亩耕地，1.2平方公里面积。过去，这里非常贫穷，但他们靠聪明才智和勤劳双手，以"艰苦创业，永不满足，两手过硬，一犁耕到头"的精神，撑起了自己的一片天，成了"一年一个样，年年都变样，越变越像样，全国做榜样"的小康示范村。

2012年，滕头村成为国家首批4A级生态旅游区，现已成为5A级，被联合国评为"全球生态500佳村庄"，又接着被评为"世界十佳自然村"。有位诗人写了"青山碧水胜桃源，日丽花香四季春；人间仙景何处觅？且看奉化滕头村"的诗句。

20世纪80年代，全国乡镇企业发展迅猛，很多企业要到滕头投资办厂，但是滕头村却抬高了办厂的"门槛"。当年有家企业要来投资，一年就能产生效益100万元，这对当时村经济只有几万元的滕头村是个很大的诱惑，但是村委会最终决定拒绝这家工厂。据统计，30多年来，滕头村已累计否决了50多个可能造成环境污染的项目。

1993年，滕头村成立了村级环保委员会，这在当时是全国首创，即使是现在也并不多见。任何进入滕头村的项目都要经过环保委员会的考评。

1999年，滕头村尝到了绿水青山的甜头。村里开始卖门票，这在全国农村是首创。城里的游客、参观考察新农村的游客纷纷来到滕头，村民数着门票钱，游客们还把农户家里的黄花梨、草莓、鸡蛋等买了个精光。这样的效果让滕头村民觉得，原来好风景也可以卖个好价钱。

30多年来，滕头村坚持走生态发展之路，生态农业、低碳工业、现代服务业构架起滕头村的生态产业体系。2014年全村村民人均收入

56 000 元，收入水平在全国乡村名列前茅。滕头村用他们30多年的发展轨迹告诉我们："生态也是生产力"。

漫步村中，小桥流水曲径通幽，柑橘观赏林环绕着厂房。在这个生态旅游村中，有江南风情园、盆景园、农民公园等景致20多处，许多景观都有极浓的人文气息。比如婚俗园，有着"人口、生态、环境园林"的创意；比如石雕园，保留了江南民间珍贵的古石窗实物；比如将军林中，都是国内外知名人士亲手栽种的树木。

村里最高的标志则是"中国古代农具耒"，作为滕头村"国家农业综合开发示范区"的标志。我们在农业园中穿行，抚摸着那些早已没有使用价值的古老农具，感觉到它们亲近自然的灵魂还活在这个小村子里，并将世代延续。溪流柳树边的石磨、水车、风车，篱笆墙边的看门老人，一切都很和谐，小村中现代与古朴交相辉映。

游走滕头，犹如欣赏一幅一幅徐徐展开的山水画。它们既有着古朴悠远的农家乐情调，更有着神采飞扬、生机盎然的现代气息，那里的建设者们，继续以智慧、勤快、开拓为颜料，描绘着令人惊喜的传世佳作。

6. 云南福保村

福保村位于云南省昆明市城南，六甲乡人民政府辖区南部，坐落于昆明坝子西南滇池之滨，系宝象河支流六甲河下游，三面环水，呈半岛形，北距市区12.5公里，交通便利，四通八达。下设4个村民小组，1019户，2700多人，全村面积 2.155平方公里。30年前，福保村还是一个"靠天吃饭、靠水养活"的小渔村。而自从2007年，这个村的农民人均纯收入，就已经达到了11668元。此后福保村先后获得了"中国十佳小康村""中国十大名村""中国民俗文化村""全国文明村"等一连串骄人的荣誉。

党的十一届三中全会以后，福保村因地制宜，从实际出发，坚持以公有制为主体，发展农村经济，成功地探索了一条以农业资金的积累发展工商业，以工商业资金的积累扶持农业，以工补农，以工建农，相互协调发展的新路子。实现了由传统单一的农业向现代化农业转变，形成了农、工商综合经营的经济实体。

改革开放以后，福保村实现了两次跨越，一次是 20 世纪 90 年代初由"农业福保"向"工业福保"的转变；第二次是近几年由"工业福保"向"文化福保"的迈进。20 世纪 90 年代，福保村的工业企业办得红红火火，成为云南农村发展集体经济的典范。但福保地处滇池边，土地资源有限，原有的铸造、造纸等企业占用资源大，技术含量低，环境污染大，培效慢，路子越走越窄。经过认真思考分析，他们认识到，只有发展资源消耗少，文化科技含量高，又不污染环境的产业，最终才有出路。

如今，福保村抓住机遇，顺应时代发展的要求，大力打造文化品牌，先后斥巨资建成了在当地具有较高知名度的福保文化城、蓝色庄园游乐中心和荣获"大世界吉尼斯之最"的福保文化城水世界。大力发展娱乐、休闲旅游业，并成功举办了"首届福保亚洲杯攀岩赛"。接着又及时调整发展定位，着力建设"文化生态示范村"。以发展文化产业和休闲旅游业为重点，突出老昆明特色和湖光山色。使农业生态化、工业高科技化、农村城镇化，在滇池周边农村中发挥了示范带动作用。

从 1994 年起，福保村围绕"花园式福保村"的目标，开始了村镇建设。在不断创新的基础上，全村先后建成风格各异、功能齐备的小康居民楼共 650 套。

7. 浙江省花园村

花园村隶属于浙江省东阳市南马镇，曾经是一个出了名的穷山村。1978 年，花园村人均收入仅为 87 元，而当年全国农民的人均纯收入是

136 元。改革开放以后,花园村倡导的"以工富农、以工强村、共同富裕、全面小康"的花园之路,已引起社会各界的关注。先后被授予"全国创建精神文明先进单位""全国文明村""中国十大名村""全国绿化模范单位""中国十佳小康村""省全面小康建设示范村"等荣誉称号。

花园村地处浙江中部,距东阳城区 18 公里。 全村有农户 1748 户,常住人口近 3 万人,其中村民 4393 人,外来人口 25 000 多人,全村区域面积 5 平方公里。2011 年,花园村实现工农业总产值 117 亿元,村民人均收入达到 6.8 万元,是远近闻名的现代化新农村。

花园村经济发达、村民富裕。全村有户办、联办及个私企业共 176 家,其中花园集团是国家级企业集团。花园村主要产业有医药化工、房地产开发、建筑建材、纺织服装、火腿食品、电子器材、外贸出口、木线木材、医院、商贸、旅游休闲和教育等。到 2006 年,全村实现销售收入 33.5 亿元,村民人均收入就已经达到 19 260 元。

花园村以大力发展现代生态高效农业为重点,与省农科院、上海农科院合作,建立 1000 多亩的现代高效农业园区。其中有 50 多亩钢架玻璃温室大棚、塑料联栋大棚的蔬菜、瓜果、苗木花卉基地,常年生产销售水果、无公害蔬菜,并成为乡村生态农业旅游观光园区。

花园村三产兴旺,商贸发达,有大型粮油农贸城、购物广场、农产品大厅、木材木线市场,饮食、建材、工艺品等各具特色的商业街已基本形成。旅游观光区的中华百村图、吉祥湖畔等十大景点和现代生态农业园区已成为现代乡村风情游、农民休闲度假的好去处。"百年田氏、五代祖传"的花园田氏医院技术精湛、享誉浙中。

花园村以主导产业为依托,大力发展设施农业、休闲观光农业,逐渐形成了以高效生态农业为龙头、多种观光景点并存的休闲旅游产业。其中有高效农业观光园、荷花物种园、国花园、桂花园、休闲农家乐、花园陈列馆、泰山乐园等多处风景区。有亭台楼阁、奇花异草、名树古木、飞禽走兽、水中游鱼，有动物园、游艺场、科学趣味馆、古祠堂、民俗馆等，更有单人木偶摔跤、罐板弹碗、小狗算算术等精彩的民间杂耍表演。花园村是一个真正的花园，让人目不暇接，流连忘返。

8. 上海九星村

九星村是闪烁在上海西南板块的璀璨之星，隶属于闵行区七宝镇，东临上海漕河泾高新技术开发区，北靠上海虹桥交通枢纽。四通八达的公交线路方便快捷，区位优越。九星村被誉为"中国市场第一村"，2014 年，又入选中国 9 大"土豪村"。

走进九星村，就仿佛进入了一个店铺的海洋。在它 1600 亩的土地上，矗立着华东最大的综合批发市场，也是全国最大的村办综合批发市场。这个村的 3757 名村民，人均年分配收入 3.5 万元。

九星村被称为"三有"新农村：即人人有工作，人人有保障，人人有股份。2005 年底，九星完成了对其 20% 资产的股份制改革试点，原牛头浜管理区股改完成后成立了九星物流公司，全体村民 3757 人变成股民，成为资本市场的主人。九星此次股改采用"现进现出"的方法，对资产按现行价格评估，再由大家出钱认购，得来的钱再分给老百姓。改制的资产中并不包括公益性资产，而仅限定在经营性资产的范围。公益性资产约占村级集体经济组织中 40% 的份额，如路、桥梁、卫生室、幼儿园等，这部分资产用于保障村民福利，一部分用以服务经济发展。

自 2003 年起，九星村连续多年蝉联上海市经济实力百强村第一名，位居中国经济十强村第五名，中国名村影响力第四名。随着村级经济的跨越式发展，九星村（市场）先后被评为中国十大名村、中国特色村、中国十佳小康村、中国市场第一村等，荣获全国五一劳动奖状、全国创建文明村工作先进村、全国民主法治示范村、全国文明诚信市场等诸多殊荣。

9. 河南省南街村

南街村位于河南省临颍县城南隅，紧靠107国道，西临京广铁路，东临京珠高速公路。全村有回、汉两个民族，848户，3180口人，1000亩耕地，总面积1.78平方公里。

改革开放以来，南街村遵循党的"一个中心，两个基本点"的基本路线，因地制宜，大力发展集体经济，走集体共同富裕道路，实现了物质和精神文明建设的飞速发展。

南街村依靠当地粮食资源，围绕农业办工业，围绕龙头企业上配套项目，大搞粮食深加工，形成了农工贸一体化、产供销一条龙的产业格局，实现了层层增值和良性循环，壮大了集体经济实力，组建了国家大型一档企业——河南省南街村（集团）有限公司，1991年率先摘取河南省"亿元村"桂冠，而后一年产值突破16亿元。

随着中国加入世贸组织，南街村也面临着更多的机遇和挑战。为了增强集体经济的实力，南街村提出"二次创业"，本着"巩固老产业、丰富新产品、开发新产业、提高经济效益"的指导思想，着力兴建食品、农业生态旅游、医药、电器、五大工业园区，并聘请专家、博士等高级人才管理企业。南街村发展潜力大、前景好。

由于集体实力的发展壮大，职工村民的福利待遇日益增加，免费享受20多项福利待遇，生活、住房、上学、就医等方面无后顾之忧，人人安居乐业、生活幸福。

南街村大办公益事业，相继建起了诸多公益设施。街道宽阔平坦，道旁绿树成荫，路灯彩灯交相辉映，厂房住宅鳞次栉比。成立了艺术团、军乐队、盘鼓队、门球队，建起了文化园、图书室、卫生所、康寿乐园等。同时，大办教育事业，投巨资新建了现代化、高标准的幼儿园、中小学和高中，还办起了报社、广播站和电视台，更好地对学校学生和企业职工进行教育。

南街村现在每年接纳游客 50 多万人次。对于南街村两个文明建设取得的显著成绩，人们纷纷给予高度评价和赞扬。南街村人正以豪迈的热情，与时俱进，开拓创新，在建设共产主义小社区的征程上奋进。

10. 北京韩村河村

韩村河位于北京市房山区韩村河镇，全村总面积 2.4 平方公里，791 户，2700 人，2000 亩耕地。改革开放以来，韩村河走出一条"以建筑业为龙头，带动集体经济全面发展，村民共同富裕"的成功之路。把一个 30 多人的村级建筑队，发展成为拥有 22 个工程公司及多项产业、职工 3 万多人的国家一级资质大型建筑企业集团。现已成为公共设施齐备、各项事业蓬勃发展、家家住楼房别墅、人人安居乐业的社会主义新农村。曾获得农业部美丽乡村十大创建模式典型、全国农业旅游示范点、国家 AAA 级旅游景区、全国文明村镇示范点、中国十大名村、全国生态文化村等荣誉称号。

韩村河历史可追溯到 1300 年以前。但历史上的韩村河，一直贫穷和落后，被老百姓形象地称为"寒心河"。1978 年，韩村河村的人均收入，只有 118 元，低于全国平均水平。而到了 2013 年，人均收入加福利，已经超过了 5 万余元。当年村集体总收入达到 50 亿元，上缴税收 5 亿元。韩建地产、韩建施工、韩建管业、韩村河旅游等四大产业齐头并进，村民幸福指数不断攀升。

经过 30 多年的艰苦奋斗，韩村河发生了翻天覆地的变化，崛起为华北平原上一颗璀璨的新星。集体经济的发展，使村民的生活从根本上得到了改善，各种现代化的生活用品在村民家中一应俱全。村内建起了518栋风格各异的别墅楼和21门多层住宅楼，把村中的大街小巷都修成了水泥路，并完善了污水、雨水、暖气、闭路电视、电话等配套的市政设施。建起了京郊最大的村级影剧院。

为了使全村的美景尽收眼底，韩村河建起了村里的20米高的观景台。登高望远，美丽的韩村河，犹如"海市蜃楼"的奇观再现，令人振奋不已。站在观景台上，你还能看到韩村河1955年的微缩景观，使每一位前来参观的游客和每一个韩村河人，都能够真实地看到韩村河的旧貌。在鲁班公园正门入口处，还矗立着一座青白石巨鼎，重50吨，高4.20米，据称是目前世界上最大的石鼎。它象征着改革开放30多年来，韩村河的各项事业蓬勃发展，象征着韩村河人民红红火火的好日子。

参考引用的文献和资料

1.《中国农村统计年鉴 2015》（中国统计出版社 2014 年 10 月出版）

2.《中国农村统计年鉴 2014》（中国统计出版社 2014 年 9 月出版）

3. 张晓山：《中国农村改革与发展概论》（中国社会科学出版社 2010 年出版）

4. 农业部农村经济研究中心编：《中国农村研究报告 2013》（中国财政经济出版社 2014 年 7 月出版）

5. 孟勤国：《中国农村土地流转问题研究》（法律出版社 2009 年 1 月出版）

6. 杜润生：《中国农村制度变迁》（四川人民出版社 2003 出版）

7. 李小云、左停、叶敬忠编：《中国农村情况报告》（社会科学文献出版社 2004 年 12 月出版）

8. 中国农业大学人文与发展学院"中国农村留守人口研究"课题组：《中国农村留守人口》（社科文献出版社 2014 年 12 月出版）

9. 韩俊：《调查中国农村》（上、下册）（中国发展出版社 2009 年 3 月出版）

清华大学中国农村研究院：《用纯净眼光看中国农村——清华大学中国农村研究院"百村调查"成果汇集》（中国发展出版社 2013 年 6 月出版）

10. 徐勇：《中国农村调查 2012 年卷》（中国社会科学出版社 2013

年 3 月出版）

11. 农村社会事业发展中心：《中国美丽乡村——中国休闲农业与乡村旅游指南（2013 版）》（中国言实出版社 2013 年 9 月出版）

12. 韩俊：《中国农村改革（2002-2012）》（上海远东出版社 2013 年 2 月出版）

13. 唐珂、闵庆文、窦鹏辉：《美丽乡村建设理论与实践》（中国环境出版社出版）

14. 周洋宇、周传均：《美丽乡村建设 100 问》（中国农业科学技术出版社 2015 年 6 月出版）

15. 肖峰："因地制宜，形成一条全新的道路，规划、建设科学、文明、取得和谐的新农村"。《2005 年中国村镇建设与日本农村调整技术交流学术报告论文集》

16. 国家民政部文献资料：《2005 年中国乡镇状况》

17. 《中国农村研究》：（中国社会科学出版社 2004 年出版）

18. 《国务院关于做好农村综合改革工作有关问题的通知》（国家发行【2006】34 号，2006 年 10 月 8 日）

19. 《社会主义新农村建设示范村企划资料集》（国家农业部企划组编，2006 年 7 月中国农业出版社出版）

20. 《建设社会主义新农村若干问题研究》（国家农业部课题组编，2005 年 11 月中国农业出版社出版）

21. 叶裕民：《中国城市化之路》（北京商务印书馆 2001 年出版）

22. 赵裕民：《中国城镇化发展战略·中国农村研究》（中国社会科学出版社 2002 年出版）

23. 费孝通：《论小城镇及其他》（天津人民出版社 1986 年出版）

24. 《全国人民代表大会常务委员会公报》（中国文献出版社 2001

年出版）

25. 尾井功：《日本农业再编的战略》（柏书房 1982 年版）

26.《中国的经济结构改革》（日本经济研究中心编，日本经济新闻社 2006 年版）

27. 笛木昭：《战后日本农业结构的轨迹和展望》（富民协会编 1991 年版）

28. 刑鉴生：《现代中国经济开发的验证》（中央经济社 1995 年版）

29. 南亮进：《中国的经济发展》（东洋经济新报社 1990 年版）

30. 林毅夫他：《中国的经济发展》（日本评论社 1997 年版）

31. 王景新、李长江等：《明日中国，城乡一体化》（中国经济出版社 2005 年出版）

32. 鄂托克前旗农牧业局 2007 年文献资料

33.《中国农村研究》：（中国社会科学出版社 2004 年出版）

34. 2013 年 1 月 8 日《中国经济周刊》

35. 聘才网 2016 年 1 月 8 日《十三五现代农业发展规划》

图书在版编目（CIP）数据

中国农村的现状与未来 / 乌日图著．-- 延吉：延
边大学出版社，2017.4
ISBN 978-7-5688-2243-5

Ⅰ．①中… Ⅱ．①乌… Ⅲ．①农村经济－研究－中国
Ⅳ．①F32

中国版本图书馆 CIP 数据核字（2017）第 075509 号

中国农村的现状与未来

作者：乌日图
责任编辑：李宗勋
装帧设计：文豪社
出版发行：延边大学出版社
社址：吉林省延吉市公园路 977 号　　邮编：133002
网址：http://www.ydcbs.com
E-mail：ydcbs@ydcbs.com
电话：0433-2732435　　　　　传真：0433-2732434
发行部电话：0433-2732442　　　　传真：0433-2733056
印刷：北京市金星印务有限公司
开本：170×240 毫米　　　1/16
印张：11.5　　　　字数：143 千字
印数：3000 册
版次：2017 年 7 月第 1 版
印次：2017 年 7 月第 1 次
ISBN 978-7-5688-2243-5

定价：38.00 元